はじめに

文部科学省教科調査官／国立教育政策研究所総括研究官
長田　徹

「長田先生、来年の校内研修、いや、世田谷区の研修にお越しいただけませんか」と力強い言葉と笑顔。平成26年5月19日、渡部理枝校長先生にはじめてお会いした日、校長先生は続けられました。

「キャリア教育とは学校教育改善の理念なんですね」「うちの学校の児童は自己肯定感が低くて、キャリア教育だと思ったんです」「ただ、キャリア教育は大きすぎて何から手を付ければよいのでしょうか」私自身も経験したことですが、キャリア教育の必要性を実感した時から生みの苦しみが始まります。校長先生はキャリア教育指導者養成研修（全5日間）の初日からそんな葛藤を覚えられたのでしょう。

平成11年の中央教育審議会答申「初等中等教育と高等教育との接続の改善について」（以下：接続答申）が「小学校段階から発達段階に応じてキャリア教育を実施する必要がある」と提言して以来、キャリア教育の推進は重要な教育政策課題のひとつとされてきました。しかしながら、「望ましい勤労観・職業観及び職業に関する知識や技能を身に付けさせる」というキャリア教育への印象や「職業に関する体験活動の推進」という当時の中心的な課題から、小学校では時期尚早、縁遠いものと考えられた方が少なくなかったはずです。前述のキャリア教育指導者養成研修も当初は高等学校籍の先生方の参加が圧倒的に多かったことが思い出されます。

平成29年3月31日に告示された新しい小学校学習指導要領の総則には、「キャリア教育」という言葉を直接的に用いて、その充実についてはじめて、以下のように示されました。

【第1章 総則　第4 児童の発達の支援　1 児童の発達を支える指導の充実（小学校）】

> (3) 児童が、学ぶことと自己の将来とのつながりを見通しながら、社会的・職業的自立に向けて必要な基盤となる資質・能力を身に付けていくことができるよう、特別活動を要としつつ各教科等の特質に応じて、キャリア教育の充実を図ること。

「第1章 総則　第4 児童の発達の支援　1 児童の発達を支える指導の充実」に明記されたということは、教育課程全体に係るという意味です。

小学校のみならず、キャリア教育については、その理念が浸透してきている一方で、例えば、職場体験活動のみをもってキャリア教育を行ったものとしているのではないか、社会への接続を考慮せず、次の学校段階への進学のみを見据えた指導を行っているのではないか、職業を通じて未来の社会を創り上げていくという視点に乏しく、特定の既存組織のこれまでの在り方を前提に指導が行われているのではないか、といった課題も指摘されています。また、将来の夢を描くことばかりに力点が置かれ、「働くこと」の現実や必要な資質・能力の育成につなげていく指導が軽視されていたりするのではないか、といった指摘もあり、教育課程全体を通じて必要な資質・能力の育成を図っていく取組が求められているの

です。

　ここで再確認すべきは、平成23年の中央教育審議会「今後の学校教育におけるキャリア教育・職業教育の在り方について(答申)」において整理されたキャリア教育の方向性です。

　キャリア教育はそれぞれの学校段階で行っている教科等の教育活動全体を通じて取り組むものであり、単に特定の活動のみを実施すればよいということや、新たな活動を追加すればよいということではないのです。また、各教科等における取組は単独の活動だけでは効果的な教育活動にはならず、その一つ一つについて、内容を振り返り、相互の関係を把握したり、それを密接に結び付けたりしながら、より深い理解へと導くことが必要です。その上で、各教科等における取組だけでは不足する内容を把握し、新たに付け加えていく取組を模索していくということです。

　さて、世田谷区立尾山台小学校のキャリア教育の取組で注目すべき点は次の5点と言えます。

①キャリア教育で身に付けさせたい資質・能力を明確にし、児童や地域住民とも共有できていること

　渡部校長先生の言葉のように「キャリア教育は大きすぎて何から手を付ければよいのか」となってしまうのはなぜでしょうか。また、授業の最後に取って付けたような話合い活動を行いキャリア教育にしてしまったり、「夢をもとう」「職業調べをしよう」のような固定的なキャリア教育になってしまったりするのはなぜでしょうか。また、キャリア教育の評価は難しいとよく耳にしますが、それはなぜなのでしょうか。その多くの原因はキャリア教育で目の前の児童に身に付けさせたい資質・能力の設定が曖昧だからではないでしょうか。抽象的で雲をつかむようなゴールであれば、何をしてもキャリア教育、何もしなくてもキャリア教育になってしまうわけです。もちろん、具体的ではない目標に向けた取組を評価することは容易ではありません。

　尾山台小学校の児童の実態や地域の状況を把握した具体的な資質・能力の設定には全国の学校にとって参考になるポイントがあります。

②教科横断、学年縦断でのキャリア教育の取組になっていること

「たくさんの大人がやってきて人生や仕事の話をしていくのですが、これって何なんでしょうか」ある児童の率直な疑問です。もちろん、大人の人生や仕事の話を聴く機会は、キャリア教育にとって重要です。しかし、教師のしかけが甘いと、児童にとっては次から次にキャリアに関する言葉のシャワーを浴びせかけられ、表面を流れ、落ちていくだけになってしまうのです。以前の講話と今回の講話がどのようにつながるのか、日常の生活や授業と講話がどうつながるのか、これからの学びと講話がどうつながるのかという教師の意図を児童は理解できているでしょうか。また、「まちたんけん」や「ジョブシャドウイング」「職場見学」が「楽しかった、感動した」という評価だけの単発イベントになっていないでしょうか。教科と生活や将来、そして体験がどうつながっているのか児童に伝わってい

るでしょうか。学びが積み重なり連なっていくことを実感することで、自分の役割や責任など、いわゆるキャリアの連なりも体得できるのです。

キャリア教育の視点から教科を越えて、学年を越えて学びにストーリーを創る尾山台小学校のカリキュラム・マネジメントの取組を見てみましょう。

③既存の取組を大事にし、学びのつながりが意識されたキャリア教育の年間指導計画がつくられていること

尾山台小学校の年間指導計画は実に分かりやすい構造です。廊下や踊り場に掲示されていますが、児童が指をさしながら活動間のつながりや資質・能力のつながりを確認しています。何よりも大事なことは、「絵に描いた餅」ではなく、実際に使える指導計画であるということです。キャリア教育を推進したからといって、これまでの取組を大きく変えるのではなく、意識を変えることが主眼、そのような計画になっています。

担当の教師が長時間パソコンに向き合い、職員会議に提案するも具体的な検討もなく（案）が削除され、教育計画に綴じ込まれるも開かれることはほとんどない。そうした全体計画や年間指導計画になっていないでしょうか。

本書では、キャリア教育の全体計画や年間指導計画作成のポイントや留意点を尾山台小学校のこれまでの取組から惜しみなく紹介します。また、渡部校長先生からはその様式などの積極的な提供のご提案もいただいています。

④「キャリア・パスポート」を用いた自己理解、児童理解に努めていること

キャリアとは、「人が生涯の中で様々な役割を果たす過程の中で自らの役割の価値や自分と役割との関係を見いだしていく連なりや積み重ね」と定義（2011, 2012文部科学省「キャリア教育の手引き」）されています。学びの連なりや積み重ねを児童が実感できるように多くの先生方に工夫いただいていることは確かです。教室後方や廊下の掲示板にクリアファイルを貼り付け、児童の作品や記録を丁寧に蓄積していたり、「特別活動ファイル」や「総合的な学習の時間ノート」などの名称でワークシートや作文をポートフォリオしていたりする例も珍しくはありません。

しかし、学びの連なりや積み重ねは学年や校種で分断すべきものではないはずなのに、記録の蓄積やポートフォリオは学年や校種で分けていないでしょうか。あれだけ学びの多かったワークシートが、よく書けた作文が次の学年になると二度と振り返ることができないものになっていないでしょうか。

尾山台小学校では、"今ある宝"、これまでも大事にしてきた児童の記録について学年間を越えて持ち上がるキャリアン・パスポートに挑戦しています。もちろん、児童の作品や記録をすべて持ち上げることは物理的に困難です。持ち上げることができたとしても振り返ることができない無用の長物になってしまいます。だからこそ、何を持ち上げるべきか精選する、教師の意図的な仕掛けが必要になってくるのです。

小学校学習指導要領には次のような教材の活用が明示されました。

【第6章 特別活動　第2 各活動・学校行事の目標及び内容　3 内容の取扱い】

> 2の(3)の指導に当たっては、学校、家庭及び地域における学習と生活の見通しを立て、学んだことを振り返りながら、新たな学習や生活への意欲につなげたり、将来の生き方を考えたりする活動を行うこと。その際、児童(生徒)が活動を記録し蓄積する教材等を活用すること。

　小・中・高等学校を見通し、学校の教育活動全体を通じたキャリア教育の充実を図るため、キャリア教育の中核となる特別活動について、その役割を一層明確にする観点から、小・中・高等学校を通じて、学級活動・ホームルーム活動に一人一人のキャリア形成と自己実現に関する内容を位置付けるとともに、「キャリア・パスポート」の活用を図ることが明示されたのです。

　尾山台小学校のキャリアン・パスポートはこの「キャリア・パスポート」の趣旨を踏まえ、学校独自に先行実施したものです。特に注目すべきはキャリアン・パスポートを用いた教師の対話的な関わりについてです。このことについては第4章の解説で詳しく触れます。

⑤大人がキャリア教育を楽しんでいること

　平成31年2月23日(土)尾山台小学校の学区に位置する東京都市大学で、あるイベントが開催されました。おやまちシンポジウム「あなたがいるからまちが元気に」と銘打ったこの催しには学区内外から100名を超える大人が集まりました。このイベントの企画者であり、尾山台小学校PTA会長の高野雄太さんは冒頭で次のように語りました。「おやまち(この地域)の町づくりの要は3つ。校長、学校、児童です。価値観や文化の異なる大人や企業・団体は3つの要によってつながり、ひとつの方向を見ることができるようになりました。」キャリア教育における地域連携は、学校が地域に協力を依頼する「一方通行」のように見えますが、実は「相互通行」の関係になるのです。

　社会に開かれた教育課程の編成についても尾山台小学校の取組から多くのことを学ぶことができるはずです。

　人口減少に悩み、地域から離れる若者にふるさとのよさを伝え、ふるさとに住み、ふるさとを作り続ける選択肢を持たせたいとキャリア教育に取り組んでいる地方自治体は少なくありません。ふるさと教育とキャリア教育を掛け合わせた通称「ふるさとキャリア教育」を市や町を挙げて推進している例もあります。一方、差し迫った人口減少とは程遠い印象の東京都世田谷区に位置する尾山台小学校にも「ふるさとキャリア教育」が求められているのです。

　尾山台小学校は、平成30年度から文部科学省「小学校における進路指導の在り方に関する調査研究」の指定校としてもキャリア教育・進路指導の研究を進めています。毎年、卒業生の半分近くが校区外の中学校に進学する実態だからこそ、自分たちを育んだ地域やプロセスに誇りを持たせたいと、学びと「町づくり」や「絆づくり」のつながりを意識した

活動に挑戦しています。また、小学校卒業時に進路選択する上でどんな資質・能力が求められるのか試行錯誤は今日も続いています。

　小学校学習学習指導要領の総則に「キャリア教育」が明示され、指導要領の完全実施を迎えるにあたって、尾山台小学校のキャリア教育への挑戦の過程と成果を全国の小学校にお裾分けしたいと本書の監修をお引き受けしました。本書が"今ある宝"をキャリア教育の視点で見つめ直すきっかけになれば幸いです。

　まえがきを結ぶにあたり、平成26年以来、キャリア教育に取り組んでいただいた渡部理枝校長先生をはじめとする世田谷区立尾山台小学校の教職員の皆様、学校支援地域本部のコーディネーター及び地域の皆様、おやまちプロジェクトを支えていただいている皆様に深く感謝申し上げます。

　本書の監修にあたって、校正の最終段階に入ったころ、渡部理枝校長先生が尾山台小学校を離れることになりました。世田谷区教育委員会教育長への就任が決まったのです。児童や保護者、地域住民や教職員にとっても寂しいお知らせとなったことでしょう。しかし、見方を変えれば、渡部先生のお考えや取組が世田谷区全域に広がる好機でもあるのです。
　渡部先生の益々のご活躍と、新しい校長先生の下でも尾山台小学校のキャリア教育が日々進化することを確信して「小学校だからこそ！ キャリア教育！ 尾山台小学校の挑戦」の内容に入ります。

目　次

はじめに 1

第1章　なぜ？　キャリア教育だったのか 9

- 子どもたちの実態から始まった研究
- 尾山台小学校におけるキャリア教育の策定
- 尾山台小学校のキャリア教育概要
- 尾山台小学校のプロジェクト研究
- 授業の中でのキャリア教育
- キャリア教育に取り組んで（実態調査とその結果・考察）
- 資料（研究だより）
- 第1章解説：キャリア教育が求められる今日の背景

第2章　資質・能力　身に付けさせたい力をつくる 47

- 子どもに身に付けさせたい資質・能力
- 基礎的・汎用的能力＝身に付けさせたい力
- 身に付けさせたい力の見える化
- 身に付けさせたい力の一本化──「つなぐ」教育
- 子ども主体の学び（主体的・対話的で深い学び）
- 第2章解説：具体的な資質・能力の設定

第3章　学びの地図　カリキュラム・マネジメントの実践 75

- 全体像をわかりやすく見渡せるようにする
- 教科横断的な視点で学習内容を配列した例
- 教育活動に必要な人的・物的資源を効果的に組み合わせる
- 第3章解説：「教科を体験活動の下請けにしない」年間指導計画

第4章　学びのプロセスを記録し、振り返る
　　　　キャリア・パスポート 113

- キャリア・パスポート
- 尾山台小学校の「キャリアン・パスポート」
- 第4章解説：「キャリア・パスポート」への展開
- 　　　　　　　キャリア・カウンセリングの充実

第5章　今ある宝を大切にする ……………………………………… 133
- ● キャリア教育の視点で見直す
- ● キャリア教育の断片
- ● 地域とつながる教育——えがおのひみつ探検隊
- ● 尾山台小学校キャリア教育集大成——リアル職業調べ
- 第5章解説："今ある宝"を「年間指導計画」でつなぐ

第6章　おやまち外へ出る ……………………………………… 167
- ● おやまちプロジェクト
- ● 広がった活動
- ● 大きな力——学校支援地域本部・学校支援コーディネーター
- 第6章解説：社会に開かれた教育課程

第7章　全国の先生方へ ……………………………………… 185
- ● キャリア教育を推進して
- ● きっとある　きっともうしてるはず　自分だからできること
- ● ICT教育
- ● 尾山台小学校の研究推進委員長として

第8章　全国の校長先生へ ……………………………………… 199
- ● チームの力で、本気で取り組むために
- ● 少人数の話し合いをベースにする
- ● 目標の共有化
- ● 目に見える成果
- ● 学級経営力・子どもの見取り力をあげる
- ● やりたいことができる環境を（誇りがもてる環境を）
- ● 新しい教育に臆することなく進める教員集団であるために
- ● プロジェクト・チーム
- ● つながりを大切に・細かい配慮
- 第7章・第8章解説：
　　　基礎的・汎用的能力を育むキャリア教育の視点でのカリキュラム・マネジメント

おわりにかえて ……………………………………… 220

この本は、尾山台小学校のキャリア教育推進の４年間の軌跡を校長（渡部）の視点でまとめたものです。

　１年間の研究のまとめとして作成した研究紀要と研究推進委員の文章もところどころに交えています。

　これからキャリア教育を始めようと考えている皆様の何かの参考になれば幸いです。

世田谷区立尾山台小学校
校長　　渡部　理枝

※本書に掲載の年間指導計画、ふりかえりカード、キャリアン・パスポート等の資料は、実業之日本社教育図書出版部のホームページ「進路指導net.」からダウンロードすることができます。また、一部の資料は、世田谷区立尾山台小学校のホームページからダウンロードすることもできます。

「進路指導net.」　　http://www.j-n.co.jp/kyouiku/
「世田谷区立尾山台小学校ホームページ」　　http://school.setagaya.ed.jp/oi/

本文設計・DTP：株式会社カルチャー・プロ

第 **1** 章

なぜ？
キャリア教育だったのか

尾山台小学校の子どもの実態と課題、そし
て教職員が育てたい子どもの姿……それを叶
えるのがキャリア教育でした。
　第1章では、尾山台小学校がキャリア教育
の研究を始めるに至った経緯と、研究の全体
像をご説明します。

子どもたちの実態から始まった研究

「子どもたちに、自分らしさを発揮しながら自信をもって歩んでほしい」——この願いを達成するには何をすべきなのか——ここから私たちの研究は始まりました。

世田谷区の南西に位置する世田谷区立尾山台小学校。21学級、児童数513名（平成30年4月時点）、教職員約60名の学校です。穏やかで協力的な地域にあり、すぐ近くの商店街は賑やかな中にも落ち着きがあります。この地域の中で尾山台小学校は創立80周年を迎えました。

地域の方からは、「子どもたちは明るく素直」「みんな仲がよい」「やさしい子どもが多い」などの声をたくさんいただいていました。

しかし、これに加えて「声が小さく、聞き取りにくい」「自分の考えをもっているようだが、みんなの前で発言する子どもは少ない」といった声も、行事や学校公開の際にいただいていました。教育熱心な家庭が多く、PTAの活動も盛んで、学校行事では「おやじの会」をはじめ、たくさんの方が子どもたちのために働く姿が見られます。

中学受験をする子どもたちが、毎年3.5割から4.5割ほどいて、将来に漠然とした不安を抱いている子どもたちも多い——このようなことも尾山台小学校の実態として挙げられます。

実際に子どもたちに接している教員からも、「発言の声が小さい」「あいさつをしているようだが、声が小さくて聞き取りにくい」などの声が上がりました。

「校庭で遊ぶ子どもが少なく閑散としている」「声をかけても『（休み時間が）あと7分しかないから』という答えが返ってくる」「何をするでもなく校舎内をぶらぶらとしている子どもがいる」など、観察から気付く課題についても、私たち教職員は何とかしたいという気持ちをもっていました。

これは印象だけではなく、データとしても明らかでした。

　私が校長として赴任したのは平成25年度です。以下は、それから1年後の平成26年度の全国学力・学習状況調査の児童質問紙の結果です。

1．自分にはよいところがあると思いますか。

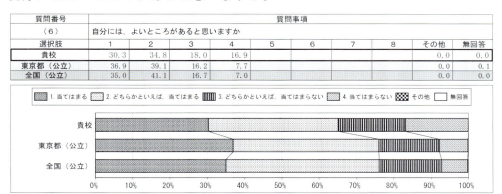

2．将来の夢や目標を持っていますか。

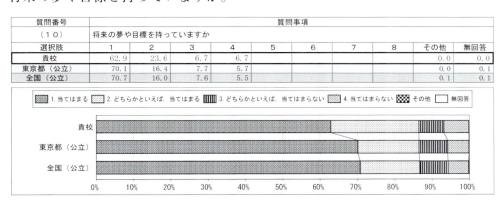

3．学級みんなで協力して何かをやり遂げ、うれしかったことがありますか。

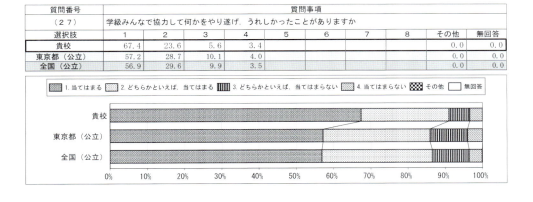

4．地域や社会で起こっている問題や出来事に関心がありますか。

質問番号	質問事項										
（30）	地域や社会で起こっている問題や出来事に関心がありますか										
選択肢	1	2	3	4	5	6	7	8	その他	無回答
貴校	40.4	37.1	16.9	5.6					0.0	0.0
東京都（公立）	29.1	36.2	23.8	10.9					0.0	0.0
全国（公立）	25.0	37.9	25.8	11.3					0.0	0.0

5．地域や社会をよくするために何をすべきか考えることがありますか。

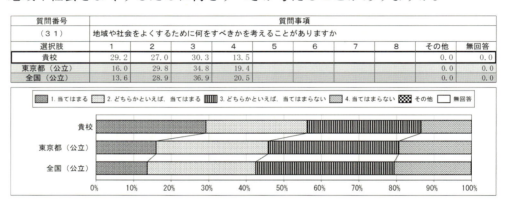

質問番号	質問事項										
（31）	地域や社会をよくするために何をすべきかを考えることがありますか										
選択肢	1	2	3	4	5	6	7	8	その他	無回答
貴校	29.2	27.0	30.3	13.5					0.0	0.0
東京都（公立）	16.0	29.8	34.8	19.4					0.0	0.0
全国（公立）	13.6	28.9	36.9	20.5					0.0	0.0

　データから、「自分にはよいところがある」「将来の夢や希望をもっている」の項目に「当てはまる」「どちらかといえば当てはまる」と回答している割合が低くなっています。ここから、尾山台小学校の子どもたちは、自分に自信がなく、将来へも漠然とした不安をもっていることがわかります。

　その反面、約9割の子どもが「学級みんなでやり遂げてうれしかったことがある」には、「当てはまる」「どちらかといえば当てはまる」と回答しており、友だちと力を合わせて何かをやり遂げた経験があり、それを喜びと感じているようです。

　また、全国・東京の平均よりも多くの子どもが「地域や社会で起こっている問題や出来事」に関心をもち、そして「地域や社会をよくするために何をすべきかを考えることがある」と回答していることから、温かい地域の中で暮らしているためか、地域・社会への関心は高いことがわかります。

　このことから、私たち教職員が、子どもたちがよりよい人間関係を築けるように、そして、地域、社会とよりよく生きていけるように「かかわり合い」の研究に取り組めば、自分に自信をもち生き生きと学ぶ姿をめざせるのではないかと考えました。

（1） 研究のあゆみ

　このような子どもの実態から、平成26年度には、全教科・領域を通して「かかわり合い」をテーマに校内研究に取り組みました。以下は当時の研究だよりです。

平成26年4月2日
研究推進委員会
No.1

【今年度の研究について】
1、主題について
　現在の尾山台の子どもは、目立った問題行動がない子でも、人とのかかわり合いが上手にできない姿が見られている。友達の考えを受け止める、相手の気持ちを考えて話す、など基本的なかかわり合いができずにトラブルになったり、自信をなくして消極的になったりしている場合がある。こうした実態と、昨年度までの研究の成果と課題を受け、以下のような主題を考えた。

「学ぶ喜びを感じ、共に伸びる児童の育成」（案）
～　互いを尊重してかかわり合うことを通して　～

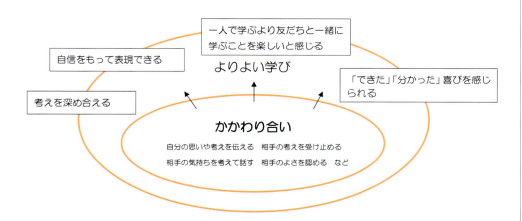

　自分の思いを伝える、相手の考えを受け止める、相手の気持ちを尊重しながらやりとりする、といった「かかわり合い」を授業の中で積み重ねていくことで、集団の中で安心して表現できる雰囲気を作り、友達と共に学んで「できた！」「わかった！」という喜びを感じられる児童を育てていきたい。

「かかわり合い」の研究は、授業の中での学び合いや学級活動等の研究を主として行いました。

1年間の研究の結果、教職員のアンケートから、次のような成果と課題が挙がりました。

○クラスのめあてや、班のめあてに「相手の立場で考える」「みんなが気持ちよく
　過ごせるようにする」等、相手との関わり合いについて意識をしながら学習した
　り、生活したりする姿が多く見られるようになった。
○話すときに、聞き手を意識して分かりやすく話そうとする意識が高まった。また、
　聞き手も「聞きたい」という意欲が高まり、自分の考えと比べるなど主体的に聞
　けるようになってきた。

1年間の研究の成果として、「相手の立場を考えられるようになってきた」「相手を意識して伝えようとする」という成果が上がりました。

同時に、

◆　自分に自信をもつことができていない様子が見られる。よい人間関係が築けて
　いると、自信をもつことにもつながるかもしれない。
◆　人とうまく関わるための声かけの言葉や方法を学ばせたい。関わりたいという
　気持ちは強くても、乱暴になってしまったり、相手にはうまく伝わっていなかっ
　たりしている様子が見られる。

このように「自分に自信をもつ」「自分をみつめ、自分を高めようとする」「人とうまく関わる」ことが課題として残りました。

(2)　キャリア教育との出会い

そこで出会ったのがキャリア教育です。数年前から学校に職業人の方たちにお越しいただいてお話を伺うことは行っていましたが、キャリア教育については、子どもたちに将来への夢をいだかせるための教育だという程度の認識でした。

しかし、平成26年に、文部科学省の長田徹調査官、筑波大学の藤田晃之教授のお話を伺い、尾山台小学校の子どもたちの課題に向き合うために適した教育になるのではないかとキャリア教育に対する考え方を大きく転換させました。

①キャリア教育の理解

右は、当時の研究推進委員長だった白石主任教諭が作成した研究だよりです。

研究だよりは、研究推進委員がおよそ2か月に一度、教員向けに作成している研究についてのお知らせです。

前号で今までの研究の成果をまとめ、この号でその課題を解決すべく取り組むことを示しています。

白石は、自身もキャリア教育のことがよくわからなかったにもかかわらず、自分なりに理解しようと、様々な文献等から、本校に合いそうなものを探して研究を推進しようとしています。

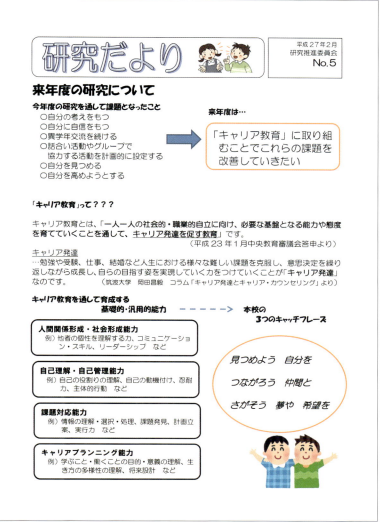

当時は、キャリア教育を理解するためのキャッチフレーズを「見つめよう　自分を」「つながろう　仲間と」「さがそう　夢や希望を」としています。

②キャリア教育って何？

キャリア教育を進めるにあたり、教職員全員で取り組むことを大切にしたいと考え、まずはキャリア教育の理解に時間を割くことにしました。次ページの校内研究年間計画を見ると分かるように、キャリア研究を始めた1年目の1学期はキャリア教育を理解することに費やしました。ただし、「キャリア教育は特別なことはしなくていい」という誤解を受けないために、本校では、キャリア教育のポイントを「①日々の教育活動全てにおいて行う」「②体験的な学習＋事前・事後の学習」と考え、2学期には研究授業を行うこととし、その準備を始めました。

【平成27年度　校内研究　年間計画】

全体会・分科会 研究授業	研究推進委員会 （常置委員会）	内　　容
	4／2（木）	年間予定確認 役割分担（プロジェクトチーム）
4／6（月）		**講師の先生の講演**「キャリア教育とは」
	4／13（月）	研究主題の案検討 プロジェクトチーム・年間指導計画作成について検討 実態調査の提案検討
5／7（木）		研究主題検討　年間予定確認 プロジェクトチームについて検討 実態調査提案　年間指導計画の作成について
6／5（金）		**講師の先生の講演**「年間指導計画の作成について」
	6／8（月）	研究主題検討・決定
6／10（水）		分科会（低中高、学年） 分科会構想図検討（目指す児童像・手立て） 年間指導計画作成
7／3（金）		**講師の先生の講演**
	7／6（月）	研究授業①の指導案検討 分担確認
8／26（水）〜 8／28（金）		分科会（プロジェクトチーム） 各プロジェクトチームで提案内容の検討
9／24（木）		研究授業① プロジェクトチームからの提案
	10／5（月）	研究授業②の指導案検討 分担確認
10／30（金）		研究授業②
	11／2（月）	（実態調査2回目の提案） （プロジェクトチームの提案検討）
12／25（金）		**講師の先生の講演**
	1／7（木）	研究授業③の指導案検討 分担確認
1／27（水）		研究授業③
	2／8（月）	今年度の成果と課題
2／24（水）		今年度の成果と課題　来年度に向けて

③教職員がやりたいことを取り入れる

　前述の通り、本校の子どもたちの課題から、教職員たちは何とかして生き生きと学ぶ子どもたちを育てたいと考えました。そこで、課題解決に一歩でも近づくために、教職員の考えた解決策を洗い出してみることにしました。

　ある教員は子どもたちの「遊び」に注目しました。覇気がなく、外遊びを好まない子どもたち、一人でポツンと校舎内を歩く子どもたちがいることが気になっていたのです。

　本校では、「遊び」は子どもにとってとても大切なことだと考えているので、そこに注目し解決することから始めたいと考えました。もちろん反対の声はありませんでした。

　そこで、「遊びの充実」をキャリア教育の研究の「手だて」に加えることにしました。

研究の中でプロジェクトチームが話し合いを重ね、子どもたちが遊べる環境にするために、「簡易的なサッカーゴールを揃える」こと、けん玉に夢中になる子どもたちの様子から「けん玉で遊びを改革する」ことの２点を行いました。

また、本校では、平成26年まで、昼休みは15分間に設定してありましたが、給食や片付けに時間がかかって遊ぶ時間が短くなるためか、子どもたちが外に出たがらない実態がありました。そのため、昼休みを５分伸ばし、遊ぶ時間を確保しました。

このように、教職員が自分で考えた「やりたいこと」を取り入れて、教職員自身の意欲を高めることにも留意しました。

（3）　研究を始めるにあたって

学校では「人権教育、情報モラル教育、防災教育、いじめ問題への対応、道徳教育、外国語教育、ESD教育」など多くの課題や対応すべき教育が山積しており、教職員の多忙感が増大している事実があります。

このような中で「キャリア教育」に取り組むことを打ち出すのは、教職員に更なる多忙感をもたせるイメージを与えるのではないかと危惧をいだきました。

やはり、教員からは「キャリア教育って何？」「今の研究を続けるだけで十分では……」「これ以上増やさないでほしい！」という切実な声が上がりました。

そこで、以下の３点を、計画の段階から中心にすえて進めました。

・キャリア教育が何かを理解できるようにし、子どもたちにとって必要だと感じられる研究にすること
・先生方がやりたいことを取り入れ、全員で力を合わせる研究にすること
・様々な結果からやってよかったと思える研究にすること

以下は、前年度（平成26年度）の最後の研究アンケート（教員用）です。

> ◆友達やまわりの人に興味をもち、関わる心地よさが感じられるような研究にしたい。
> ◆今まで、キャリア教育の意識が低かったので、今後は、今学ばせていることが、将来どのような役にたち、実生活に生かしていくことができるのかといった視点をもち、児童に学ぶ価値を捉えさせていきたい。

新しい研究（キャリア教育）に対しての期待の声も聞くことができ、これからも、やってよかったと思われる研究にしなければと身が引き締まる思いでした。

尾山台小学校におけるキャリア教育の策定

　キャリア教育に取り組むことを決定し、次は本校のキャリア教育をどのように進めていくのかを探ることにしました。

　まずは、先行研究、文献等から研究を進め、本校としての形を整えていきました。

（1）　キャリア教育とは

　そもそも、キャリア教育とは何でしょうか。キャリア教育は、「社会の中で役割（仕事）を果たしながら、自分らしい生き方を実現するために必要となる能力や態度を育てる教育」（平成23年1月・中央教育審議会答申）です。

　日本の産業界の変化による雇用等の多様化、流動化から子どもたちは希望あふれる未来を描くことが容易でなくなっています。しかし、どのように変化する社会であっても子どもたちに希望をもって自分の人生を楽しんでほしいと考えます。

　変化を恐れず、変化に対応する力を育てるためには、小学校段階から、日常的に学ぶ愉しさを体得させ、意欲をもって学ばせ、今の学びが将来の自分のキャリア形成になると理解させることが必要です。

　さらに、一人一人の力が、よりよい社会づくりに続くことを実感させることも大切です。

キャリア教育とは

○一人一人の社会的・職業的自立に向け、必要な基盤となる能力や態度を育てることを通して、キャリア発達を促す教育

キャリアとは

○人が生涯の中で様々な役割を果たす過程で、自らの役割の価値や自分と役割との関係を見いだしていく連なりや積み重ね

キャリア発達とは

○社会の中で自分の役割を果たしながら、自分らしい生き方を実現していく過程

（平成23年1月・中央教育審議会答申「今後の学校におけるキャリア教育・職業教育の在り方について」より）

（2）　子どもに身に付けさせたい力

　どんな自分になりたいのかを考え、将来を思い描き、そこに向かう目標ができれば「意欲」をもって前へ進めます。

　本校では、子どもたちが自分らしい生き方をめざして、意欲的に学ぶ姿を「なりたい自分になるために」として、これを目標に研究を進めることにしました。

　さらに、教育課程特別部会から出された「論点整理」の中の、「育成すべき3つの柱」

を取り入れ、より具体的に、本校の子どもたちに身に付けさせたい力を「理解したことを、必要な場面で使い、社会とつながり、よりよく生きる力」としました。

育成すべき3つの柱

○活用できる「知識・技能」の習得
　　→何を知っているか、何ができるか
○様々な状況に対応できる「思考力・判断力・表現力」の育成
　　→知っていること・できることをどう使うか
○学んだことを自分の人生や社会に生かそうとする「学びに向かう力・人間性等」の涵養
　　→どのように社会・世界と関わり、よりよい人生を送るか

(平成27年8月・教育課程特別部会「論点整理」より)

---

(3)　4つの「手だて」と「標準装備」

　よりよく生きるためには、互いのよさを生かして協働する力、リーダーシップやチームワーク、感性や思いやりなどの人間性に関する力を身に付けさせることが必要です。

　本校においては、後述の4つの「手だて」や「標準装備」等の中で育成していきたいと考えました。

　また、子どもたちが主体的に学ぶことの意味と自分の人生とを結び付けて考えたり、他者との対話で考えを広げたり、深めたりするためには、教職員の授業改善が必要です。本校では、授業改善の視点としてアクティブ・ラーニングの視点を取り入れることとしました。

Column　小学校でのキャリア教育　　　「学習意欲」の向上につながるキャリア教育

児童の学習意欲の向上が見られる学校ほど、学級担任が積極的にキャリア教育の取組を進めています。

キャリア教育の全体計画や年間指導計画に重点目標・具体的目標を設定し、大切なことを明確にしてキャリア教育に取り組むと、学習意欲の向上につながることが示されました。

キャリア教育における取組内容	学習意欲の向上あり	向上なし
様々な立場や考えの相手に対して、その意見を聴き理解しようとすること	67.4%	46.1%
不得意なことや苦手なことでも、自分の成長のためにすすんで取り組もうとすること	56.9%	49.1%
相手が理解しやすいように、自分の気持ちを整理して伝えること	49.5%	41.5%
学ぶことや働くことの意義について理解し、学校の学習と自分の将来をつなげて考えること	42.6%	29.2%

文部科学省　国立教育政策研究所生徒指導・進路指導研究センター「キャリア教育が促す学習意欲」(平成26年3月)

尾山台小学校のキャリア教育概要

　ここまで、本校でのキャリア教育の実践の前段階の準備や留意点について説明をしました。ここからは、具体的な実践の概要について、説明していきます。

（1）子どもたちの実態

　まずは、本校でキャリア教育を始めた初年度（平成27年度）にアンケートをとり、本校の子どもたちの実態を探ることにしました。

　現在、学校では様々な調査があります。例えば、東京都（世田谷区）では、

- 全国学力・学習状況調査
- 児童・生徒の学力向上を図るための調査（都）
- 学習習得確認調査（区）
- 東京都統一体力テスト
- 全国体力テスト
- 校内研究調査

などがあります。本校のキャリア教育の研究では、「全国学力・学習状況調査」と校内研究の調査をもとに子どもたちの実態を分析することにしました。

　以下は、初年度のアンケート（高学年用）です。低学年、中学年、高学年に分けてアンケートを作成し、年2回実施しました。

No.	高学年用	
1	人の話を聞くときに、相手の気持ちを考えようとしている。	人間関係形成・社会形成能力
2	相手に分かりやすく自分の考えを伝えようとしている。	
3	周りの人と力を合わせて行動しようとしている。	
4	自分の長所が分かる。	自己理解・自己管理能力
5	自分に向いている活動を選ぶことができる。	
6	やる気が起きないときでも、自分がすべきことには取り組んでいる。	
7	自分の目標に向かって、毎日の生活の中で努力をしている。	
8	分からないことについて、自分からすすんで調べている。	課題対応能力
9	失敗をくり返さないための工夫をしている。	
10	何かをするときに、見通しをもって計画的に取り組んでいる。	
11	授業で勉強していることが将来に役立つと思う。	キャリアプランニング能力
12	自分の将来について考えて、目標をたてている。	
13	将来、仕事をすることで、人の役に立つと思う。	

①アンケート結果より　本校の実態

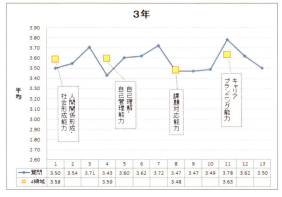
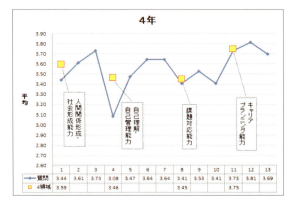
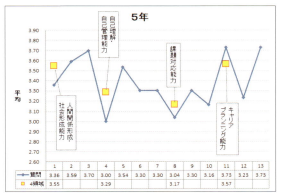
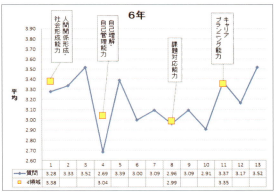

　発達段階に応じた多少の違いはありますが、全校的に、「自分の長所が分かる」が極端に低い点になっています。全国学力・学習状況調査でも同じ傾向が見られました。

　また、「周りの人と力を合わせて行動しようとしている」が高く、周りに気を遣う様子が見られます。このアンケートの結果から、本校の子どもたちは自分のよいところがわからず、周りの人に合わせて行動しようとするという「自分に自信がない」傾向にあることが分かりました。

（2） キャリア目標の策定

キャリア教育で育成すべき力として、右図の４つの基礎的・汎用的能力を身に付けさせるためのキャリア目標を策定しました。「評価がしやすいもの」にするため目標をひとつにしぼり、各学年の発達段階に応じたものとしました。

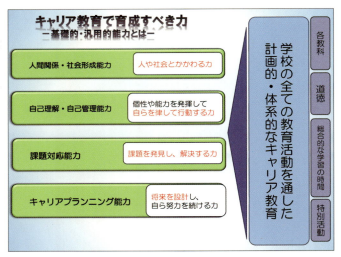

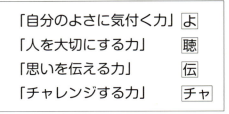

※平成29年度より、「人を大切にする力」は、子どもの実態に合わせ、「思いを受け止める力」に変更しています。

「自分のよさに気付く力」は自己評価が難しいのではないかと考え、議論を重ねましたが、あえて身に付けるべき力が「自分のよさに気付く力」であることを子どもたちや教職員が意識できるよう、この表現にしました（詳しくは第２章参照）。

（3） キャリア教育の光を当てて ── 年間指導計画の作成

キャリア教育は、学校の教育活動全体を通して行うものです。特別に時間をとって行うものではありません。本校では、今すでにある活動をキャリア教育の視点（４つの基礎的・汎用的能力）から見直しました。すると意外にもたくさんのキャリア教育に取り組んでいることがわかりました。その上で、年間指導計画の作成を行いました。キャリア教育に関連する項目は非常にたくさん出てきましたが、中心になることのみを年間指導計画表に載せ、教職員自身が理解しやすいものを作成することにしました（詳しくは第３章参照）。

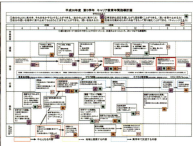

（4） キャリア教育実践の２本柱 ── 日々の教育活動＋体験的な学習

　キャリア教育の実践は、本校においては２本柱で考えることにしました。「日々の教育活動全てにおいて行う」ことと「体験的な学習」です。

「日々の教育活動」では、日常全ての学習の中でキャリア教育の要素を入れて考えることにしました。教科・領域の中でも、道徳、特別活動などねらいがキャリア教育として考えやすいものと、すぐには考えにくいものとがありました。

「体験的な学習」には、ゲストティーチャーに参加していただく活動等が入ります。単なるイベントに終わらせないために、事前・事後の学習指導を計画的に行うことにしました。

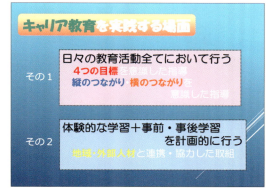

　キャリア教育と捉えにくいものについては、講師の先生から「キャリア教育の視点で照らすと浮かび上がってくるもの」を捉えること、光らないものを無理やり光らせることは難しいということを伺いました。

　前述の通り、本校の研究の中にも、照らされてすぐに浮かび上がってくるものとすぐには浮かび上がらないものがあり、光らないものを光らせようとする難しさを感じました（詳しくは第５章参照）。

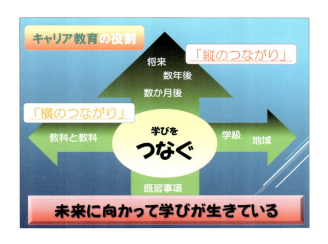

> 　キャリア教育の役割は「つなぐ」ことです。
> 　今の学びが将来に役立つことを理解させるとともに、既習事項と今の学びを結び付けて考えさせることも必要です。これが縦のつながりです。
> 　教科と教科、学級内、地域の人たちをつなぐこと、これが「横のつながり」です。「未来に向かって学びが生きている」ことを実感させ、子どもたちの学ぶ意欲を引き出すことが私たちの役割です。

(5) 「学びと将来」「学びと実社会」をつなぐ

子どもたちに理解したことを「どう使うか」「どこで使うか」を分からせることは重要です。日々の学びをキャリア教育の視点に「つなぐ」役割があります。

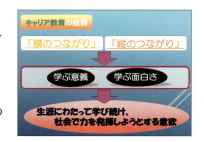

子どもたちが、今の学びが将来に生きることを理解し、実生活の中でも生かすことができると分かれば学ぶことの価値に気付くでしょう。

小学校から、中学校、高校へとつながるのは「縦のつながり」です。子どもから大人へ成長するのも縦のつながりです。授業で「既習事項」を生かすことも縦のつながりです。

例えば歴史を学んだ時に、人物の生き方に触れ、自分の生き方に置き換えて考えることができれば、将来と自分を「つなぐ」学習になり得ます。

学校内で考えると、異学年での縦割り活動、異学年で組むパートナーとの活動が「縦のつながり」です。6年生が1年生との活動の中で「役に立った」と感じ、自己有用感が得られれば、この活動の効果があったと考えられます。

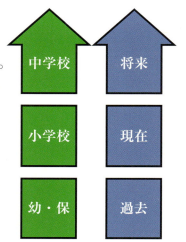

研究の中で気付いた視点に「過去の自分と向き合う」ことも挙げられました。6年生になったら将来の夢や希望をもつことと同時に「これまでの自分」を振り返り、「過去の自分」がどのように変化して「現在の自分」になり、そして「将来の自分」へとつながっていくのかを子どもたち自身が見つめることも大切です。本校では、6年生の「リアル職業調べ」の中で「過去の自分と向き合う」活動を取り入れました(詳しくは第5章参照)。

横のつながりは「学び」と実社会をつなぐ役割があります。校内においては、学級の中の友達同士のつながりも「横のつながり」です。

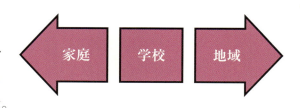

学習の中では、教科と教科のつながりも「横のつながり」に入ります。本校においては、地域、商店街とのつながりも「横のつながり」です。

このような「縦と横」の考えから、本校のプロジェクト活動「異学年交流」「地域との連携」を始めることにしました(詳しくは第5章、第6章参照)。

尾山台小学校のプロジェクト研究

【プロジェクト研究】
- ○ 異学年交流
- ○ 学級経営(集団作り・遊び)の充実
- ○ 地域との連携
- ○ 環境の整備

　本校では、プロジェクト・チームで研究の基盤となる部分を企画・立案していくこととしました。自分たちで学び、考え、本校に合ったものを提案し、全体に諮りよいものにしていく方法が、効率もよく、教職員の意欲が増すのではないかと考えたからです。
「アクティブ・ラーニング」も、初めはこのプロジェクトの中に入れていました。新しい考え方で私たちが理解することが必要だったからです。
　しかし、基本的・基礎的な理解が進めば、むしろキャリア教育の中では後述の「標準装備」の中に入れてもいいのではないかと考えるようになりました。

　プロジェクトチームを少ない人数で始めたことが、後に大きな推進力を生むことになりました。研究授業の後の協議会も3人から4人の少人数グループで行うこととし、くじ引きでグループを決めました。いつも同じ学年で話し合うのではなく、違う学年、経験年数も全く違うグループの中で自由に意見を交換することがこの研究の理解度を深めることになりました。本校では、研究会以外でも、様々な場面で少人数で深い話し合いを進め、教職員の意欲を高めました。

(1) 「標準装備」

「標準装備」とは、いつでも「この考え方をもって進める」ものとして教職員が共有している考え方です。
　研究を始めたばかりのころは、「標準装備」を意識して進めることが、キャリア教育を支えることになると考えました。

しかし、「標準装備」は研究に関係なく、これからの時代を生きる子どもたちの教育に携わる私たちが身に付けなければならない力でもあります。
　初年度は、「標準装備」を<u>「アクティブ・ラーニング」「かかわり合い」「ＩＣＴ」「教師の待つ姿勢（失敗体験）」</u>の４つとしました。

「かかわり合い」は、前年度の研究の関係から、前面に押し出して考える必要があるものとしていました。しかし、これは全ての教育活動に関係するもののため、特段標準装備に入れておく必要はないと考えるようになり、途中から、アクティブ・ラーニングの中に吸収することにしました。

「ＩＣＴ」は、子どもたちがＩＣＴを使いこなすには、教員自身がその力を高めることが必要と考え、「若葉の会（若手教員を中心とする勉強会）」が中心になって15分程度の定例研修会を行うことにしました。内容は、書画カメラやタブレットＰＣの効果的な活用方法や、ネット環境を活用してファイルを児童に配布する方法など、すぐに授業で活用できるものを中心に行いました。

「教師の待つ姿勢（失敗体験）」は、子どもたちに、失敗をして、そこから試行錯誤をして学ぶ経験を積ませるために標準装備に加えました。教員が先回りをして支援したり、指導したりしないように教員自身が意識することも必要になります。

　前述の「アクティブ・ラーニング」も授業改善の中では必要な考え方として、手だてから標準装備へ移動することにしました。

（2） 学びのベース ── 地域も保護者もみんな子どもの成長をサポート

　教育内容や教育活動に必要な人的・物的資源を地域の資源も含めて有効に活用することが大切です。本校には、子どもの成長をサポートする多くの方々がいます。プロジェクトとは別に活動していますが、本校の大きな力となっています。

朝スポーツ
講師は地域の方々です。毎週水曜日の朝に10分間走を行っています。中学年の子どもの参加がとても多く活気があります。音楽をかけてモチベーションを高め行っています。

スポーツ教室（モンジュニ）
講師は地域の方々です。毎週土曜日の午後に体幹を鍛えるコオーディネーショントレーニングを行っています。運動する楽しさにこだわり、新しい活動を取り入れ子どもの興味を喚起する工夫を行っています。

サマーワークショップ
講師は地域の方々です。学校支援コーディネーターの皆さんの支えで夏休み期間中に多くの講座を行っています。最近は、近くの大学や私立の学校とも連携しており、活動の幅が広がっています。

おやじ（親児）の会
尾山台小学校の保護者やOBを中心とした会です。子どもたちのサポートや地域の活性化などをめざし、多くの活動に取り組んでいます。「自分たちも楽しく」をモットーに大勢の会員の皆様がいて、パトロールやイベントなど様々な部分で支えられています。

ＰＴＡ（キャリアンノート）
運動会の子どもたちへの参加賞のキャリアンノート（自由帳）。
ＰＴＡの皆様も、尾山台小学校の研究をサポートしてくださる大きな力になっています。

【平成28年度　研究構想図】

児童の実態
相手の気持ちを考えて人とかかわることが難しい児童や、自分に自信をもてず消極的になっている児童も見られる。高学年では、将来に対して夢や希望をもてない、自分のよさが分からないという傾向が強い。

教育目標
すすんで学ぶ子
あかるい心をもつ子
じょうぶな体をつくる子
なかよく力をあわせる子

現行学習指導要領のポイント
知識・技能を習得させるたけでなく、それらを活用して課題を解決するための思考力・判断力・表現力を育まなければならない。これらの能力は、一人ではなく集団の中で、友達との学び合いによって身に付くものである。

《研究主題》

自分も他者も大切にし、自信をもって挑戦する子どもの育成
～　全教科・領域におけるキャリア教育の実践を通して　～

児童に身に付けさせたい力

自分のよさに気付く力
低学年
自分のよいところや得意なことが分かる
中学年
自分のよさに気付くことができる
高学年
自分のよさに気付き、そのよさを生かそうとすることができる
けやき
自分のよさを知ることができる

人を大切にする力
低学年
相手の話を最後まで聴くことができる
中学年
相手を見て最後まで話を聴くことができる
高学年
肯定的な反応を返しながら話を聴くことができる
けやき
相手の話を聴くことができる

思いを伝える力
低学年
自分の思いを言葉で伝えようとすることができる
中学年
相手を見て場面に合った声の大きさで話すことができる
高学年
自分の思いを相手に受けとめてもらおうと工夫することができる
けやき
自分の思いや考えを言葉で伝えようとすることができる

チャレンジする力
低学年
どんなことでもやり遂げようとすることができる
中学年
どんなことでも自分から取り組むことができる
高学年
自分を高めるためにめあてをもって取り組むことができる
けやき
自分からやってみようとすることができる

主題にせまる為の取組

異学年交流
・たてわり班遊び
・パートナーとの活動
（にじいろタイム・交流給食・本の読み聞かせ）
・学習の交流
縦のつながり

地域との連携
・お世話になった地域の方との継続したつながり
「つながろう」ワッペン
・外部人材（地域・企業・大学など）との連携
縦・横のつながり

学級経営（集団作り・遊び）の充実
・遊び道具の充実
・遊び、振り返りの調査・紹介
・エンカウンター活動の紹介
横のつながり

環境の整備
・年間指導計画
・各学年のめあて
・掲示物　・ICTの活用

本校の標準装備

| アクティブ・ラーニング | かかわり合い | 教師の待つ姿勢 [失敗体験] | ICT |

授業の中でのキャリア教育

　教科には教科の目標があります。キャリア目標と教科のねらいの関係を次のように考えました。

　山登りに例えると、教科のねらいを達成することが最終的なゴールです。その山登りのルートや装備が「キャリア教育」です。すなわち「教科等のねらい」をより深く子どもの心に落とすために、「キャリア教育の視点」を入れて学ばせるということです。
　例えば、低学年では「自分の思いを言葉で伝えることができる」ことを達成するために、キャリア教育の４つの目標のひとつ「思いを伝える力」のルートを通ることになります。「思いを伝える力」を身に付けることを通して、国語の単元のねらいをより深く習得させることができます。

　また、「できるようになりたいことを、みんなに聞こえるように話し、聞き合う」をゴールとすると、「思いを伝える力」「思いを受け止める力」のルートを通ることになります。

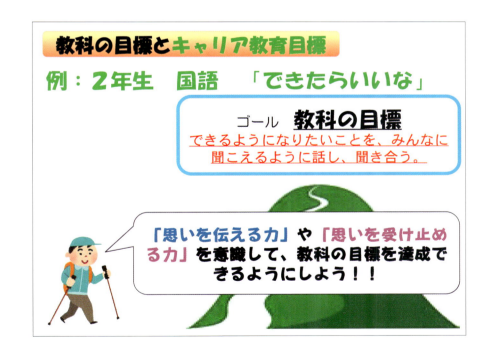

（1）　指導案の作成について

　指導案については、次のような形式に統一しました。試行錯誤を重ねて、次のような形とすることにしました。次ページより、指導案の例を紹介します。

第○学年□○○科学習指導案

平成○○年○月○日（○）
第○学年○組　（○名）
指導者　　○○　○○

（一行あける）

1□単元名□□「○○○○」

（一行あける）

2□単元の目標

キャリア目標を記入する。

3□○年生のキャリア教育目標と年間指導計画（別紙参照）
　　①　自分のよさに気付く力…「・・・・・・・・・」 よ
　　②　思いを受け止める力…「・・・・・・・・・・・」 聴
　　③　思いを伝える力…「・・・・・・・・・・・・・・」 伝
　　④　チャレンジする力…「・・・・・・・・・・・・・」 チャ

（一行あける）

4□単元について

（一行あける）

5□児童の実態
　　　・・・・・

（一行あける）

6□目標にせまるための手立て

（一行あける）

　7　　単元の目標と評価基準

　8　　学習指導計画　（全7時間　本時6／7時間目）

　9　　本時の学習　（6／7）

□……1文字あける

30

第3学年　国語科学習指導案

平成27年9月24日（木）
第3学年2組　（36名）
指導者　　白石　香澄

1　単元名　　「様子や気持ちが伝わるように読もう」

2　単元の目標

　話す相手や描かれているものに目を向け、言葉の抑揚や強弱、間の取り方などに注意して話したり読んだりする。

3　3年生のキャリア教育目標と年間指導計画

　①　自分のよさに気付く力　…「**自分のよさに気付くことができる**」 よ

★②　人を大切にする力　…「**相手を見て最後まで話を聞くことができる**」 聴

★③　思いを伝える力　…「**相手を見て場面に合った声の大きさで話すことができる**」 伝

　④　チャレンジする力　…「**どんなことでも自分から取り組むことができる**」 チャ

　3年生は全体的な傾向として「人の話を最後まで聞くことができない」「聞き手に伝えることを意識して話すことができない」「人前で大きな声で話すことができない」という課題が見られる。

　そこで、今年度は、②「**相手を見て最後まで話を聞くことができる**」 聴く ③「**相手を見て場面に合った声の大きさで話すことができる**」 伝える 　を重点目標とし、年間指導計画を作成した。

伝える について

　国語科では1学期～2学期にかけて音読に取り組み、人前で大きな声ではっきり話すための基礎を作りたいと考えている。プロの話し手の朗読を聞くことや、グループで音読の工夫を考えることなどを通して一人一人が目標をもって主体的に取り組めるようにしていきたい。並行して、社会科・総合では「町たんけん」や「商店街見学」、「探鳥会」などで、地域の方に一対一でインタビューしながら学習を進めていく。知りたいことや疑問に思ったことなどを尋ねる活動は、相手に聞こえる声で伝えることの必要性を強く感じられる機会となるはずである。これら「音読」「インタビュー」の他にも、日常的に日直スピーチや係活動、班活動など色々な場面で、声の大きさや視線などについて指導し、「相手を見て場面に合った声の大きさで話すことができる」という目標に近づけるようにしたい。

聴く について

　話し手として思いを伝えるための指導と同時に、聞き手として相手の思いを受け止めるための指導を行い「相手を見て最後まで話を聞くことができる」という目標にせまらせたい。まずは、なんのために聞くのかという目的意識をもたせる。国語の音読では、友達の音読のよさや工夫を見つけながら聞くようにさせ、社会科・総合のインタビューでは、自分の知りたい情報を得るために聞くようにさせる。さらに、「しっかり聞いているよ」「なるほど！」という気持ちを態度で表すためにも、「相手を見て最後まで聞く」ことの大切

さを伝えていきたい。聞き手の態度がよければ、話し手は話しやすく、話し手が場面に合った声で話せば、聞き手は聞きやすい、というように二つの目標が車輪の両輪の関係であることを実感させていきたい。
　（中略）
　1年間を通して「伝える・聴く」力を身に付けるとともに、友達や地域の方など人とのつながりやその大切さを実感できるように働きかけていきたい。人とつながる安心感や喜びが、一層「伝える・聴く」力を伸ばし、一人一人に自信をもたせることになると期待している。

4　単元について

　本単元は「詩の音読」の学習である。1学期にも「声を合わせて楽しく読もう」という単元でグループごとに詩を選び、読み方や動きを工夫して読んだ経験がある。アイディアを出し合い、声を合わせて読むという学習は、他者理解を深め、児童同士の関係をよりよくする機会となった。しかし、工夫する楽しさや声を合わせて読む心地よさを味わうことに重点を置いたため、発表の際に声が小さくなってしまった児童も見られた。
　そこで今回は、隣のクラスの人の前で発表することを目的に、相手に伝わる声の大きさ、抑揚や間の取り方などを特に意識して取り組ませたいと考えている。音読する詩は、教科書に載っている詩以外にもリズムのよいものや心に響くと思われるものをいくつか紹介し、その中から自分が心を動かされた詩を選ばせる。児童が感じ取ったことや想像したことを大切にし、グループごとに「〜な様子が伝わるように読みたい」「〜な気持ちになってもらえるように読む」など、聞き手を意識しためあてをもたせて練習させたい。
　また今回は、プロの俳優（T3）による詩の朗読を聞くことで、「言葉が人の心を動かすことができる」ということを実感させ、本単元で学ぶことの価値を感じながら、主体的に考え、練習し、発表するようにさせたい。練習では「聴く力・伝える力　チェックシート」を活用し、児童一人一人が常に自分のめあてを意識し、振り返りをしながら上達していけるよう励ましの言葉をかけ支援していきたい。

5　児童の実態

　2学期になって行ったアンケートの結果は、以下の通り「人前で話すことが好き」の「とてもあてはまる」が目立って低い値となった。理由を尋ねてみると、「はずかしい」「自信がない」という声が聞かれた。聞き方・話し方について気を付けようという意識は育ってきているので、本単元を通して「人前で話す」ことに自信をもてるように指導していきたい。

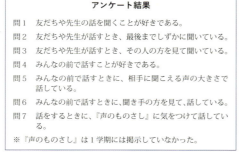
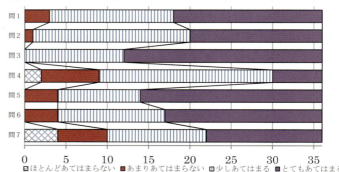

> ### 6　目標にせまるための手だて
> 　　① **プロによる朗読（キャリア伝）**
> 　　「詩の音読」では、プロの俳優の朗読を実際に聞くことを通して、声の大きさや話し方を工夫することで詩の内容が聞き手によりよく伝わるということに気付かせる。よいモデルに出会うことで、自ら「こんな風になりたい」という目標をもって学習させたい。
>
> 注目！ ② **「聴く力・伝える力チェックシート」の活用（キャリア聴伝）**
> 　　本単元の学習の中で、児童が自分の課題を意識し、スモールステップで取り組んでいけるようにチェックシートを活用する。教師は一人一人の進歩を丁寧に見取り支援することで、「もっとがんばろう」という意欲をもたせるようにしたい。
>
> 　　③ **個人、ペア、グループによる音読の工夫**
> 　　音読の工夫について、個人またはペアやグループで考え、練習し、発表することで、自分のアイディアを実現する楽しさを味わわせながら話し方についてスキルアップさせたい。
>
> 注目！ ④ **音読を聴くポイントの明確化（キャリア聴）**
> 　　音読発表を聞く際には、まずグループの音読の「めあて」を知る。「～な様子が伝わるように読む」などのめあてを聞いた上で、そのポイントを意識しながら発表を聴くようにさせる。

7　単元の目標と評価基準

　話す相手や描かれているものに目を向け、言葉の抑揚や強弱、間の取り方などに注意して、話したり読んだりする。

	関心・意欲・態度	話すこと・聞くこと	伝統的な言語文化と国語の特質に関する事項
評価基準	詩の様子や内容を想像しながら、グループで読み方を工夫して音読しようとしている。	グループで読み方を考え、言葉の抑揚や強弱、間の取り方などに注意してお互いの声を聞きながら、読み方を工夫している。	同じ言葉でも、声の出し方によって聞き手に違った印象を与えるということに気付いている。

8　学習指導計画　（全7時間　本時6／7時間目）

時	学習内容	・留意点　○評価
1	○教材文を読み、様子や作者の気持ちを想像する。 ○感じ取ったことや想像したことを交流する。	○詩の様子や内容を想像しようとしている。
2	○心に残った詩を選び、ペアやグループで音読の工夫を考え、練習する。	手だて②「チェックシート」を活用し、自分の課題にスモールステップで取り組んでいけるようにする。 手だて③ペアやグループなど、同じ詩を選んだ人と一緒に、読み方の工夫について話し合わせる。 ○ペアやグループで読み方を考え、言葉の抑揚や強弱、間の取り方などに注意して読み方を工夫している。

時	学習内容	・留意点　○評価
3	○プロの方（T3）の朗読を聞く。 ・読み方の違いによって、受け取り方が違うことを知る。  山田さんの朗読はすごい！読み方によって、こんなに伝わり方が違うんだ！ ぼくも上手に話せるようになって、学芸会で活躍したいな。 私は、将来女優になりたいな。	手だて①プロの話し方を実際に聞き、声の大きさや話し方の違いによる聞き手の受け取り方の違いを実感させる。 ○同じ言葉でも、声の出し方によって聞き手に違った印象を与えるということに気付いている。
4 5	○読み方のめあてを話し合って決める。 ○めあてを意識して練習する。 	手だて②「チェックシート」を活用し、自分の課題にスモールステップで取り組んでいけるようにする。 手だて③ペアやグループで、読み方の工夫について話し合い、練習させる。 ○詩の様子や内容を想像しながら、ペアやグループで読み方を工夫して音読しようとしている。 ○ペアやグループで読み方を考え、言葉の抑揚や強弱、間の取り方などに注意して互いの声を聞きながら、読み方を工夫している。
6 本時	○めあてを意識して練習する。 ・練習の成果をプロの方（T3）に聞いてもらい、アドバイスをもらう。  大切な言葉は、ゆっくり大きく言ってごらん。	手だて②「チェックシート」を活用し、自分の課題にスモールステップで取り組んでいけるようにする。 手だて③ペアやグループで、読み方の工夫について話し合っためあてに沿って、練習させる。 手だて④グループの「音読のめあて」を知り、ポイントを意識して発表を聞くようにさせる。 ○詩の様子や内容を想像しながら、ペアやグループで読み方を工夫して音読しようとしている。 ○ペアやグループで読み方を考え、言葉の抑揚や強弱、間の取り方などに注意して互いの声を聴きながら、読み方を工夫している。
7	○音読発表会 ・隣のクラスの人に、音読を聞かせる。 ・練習・本番を振り返り、気付いたことやこれからに生かしたいことを書く。	手だて④グループの「音読のめあて」を知り、ポイントを意識して発表を聞くようにさせる。 手だて②「チェックシート」を活用し、自分がどこまでできるようになったかを振り返らせる。 ○詩の様子や内容を想像しながら、めあてが伝わるようにペアやグループで読み方を工夫して音読しようとしている。 ○ペアやグループで読み方を考え、言葉の抑揚や強弱、間の取り方などに注意してお互いの声を聞きながら、読み方を工夫している。 ○同じ言葉でも、声の出し方によって聞き手に違った印象を与えるということに気付いている。

9 本時の学習 （6／7）
(1) 本時の目標
- 詩の様子や内容を想像しながら、グループで読み方を工夫して音読しようとしている。
- グループで読み方を考え、言葉の抑揚や強弱、間の取り方などに注意して互いの声を聞きながら、読み方を工夫している。

(2) 展開

時	学習活動	・留意点　　〇評価
導入	1　学習のめあてと流れを確認する。 **音読発表会に向けて練習しよう。** Ｔ１：今日は明日の本番に向けて最後の練習をします。 Ｔ１：チェックシートを出して、今日のめあてを決め、日付けを書きましょう。 Ｃ：今日は、「中級」をめざそう！ Ｃ：ぼくはこの前「中級」に◎をつけられたから、今日は「上級」をめざそう！	🌱 手だて②「チェックシート」を活用し、自分の課題にスモールステップで取り組んでいけるようにする。
展開	2　グループに分かれて練習する。（15分程度） Ｔ１～Ｔ３：この前より声が大きくなったね。 Ｔ１～Ｔ３：間の取り方がちょうどいいよ。もう少し強弱の差をつけるといいね。    3　3～4つ程度のグループが発表をする。 Ｃ：私たちは、「だいち」という詩を読みます。ゆっくり大きな声で、力強い感じが伝わるように読みます。 	🌱 手だて③ペアやグループで、読み方の工夫について話し合い、練習させる。 ・Ｔ１～Ｔ３は各グループを回り、よくなった点を褒め、改善点についてアドバイスをする。 🌱 手だて④グループの「音読のめあて」を知り、ポイントを意識して発表を聞くようにさせる。 〇詩の様子や内容を想像しながら、ペアやグループで読み方を工夫して音読しようとしている。 〇ペアやグループで読み方を考え、言葉の抑揚や強弱、間の取り方などに注意して互いの声を聞きながら、読み方を工夫している。

時	学習活動	・留意点　　○評価
	Ｔ１：このグループの音読は、「〜」がめあてでしたが、皆さんどうでしたか。 Ｃ：詩の言葉がはっきり伝わった。 Ｃ：声が大きくてよかったし、力強い感じの読み方だなあと思った。 Ｔ３：皆さんが気付いたように、声の出し方がよかったですね。大地の力強さがしっかり伝わってきましたね。	 ・発表の様子をビデオ撮影し、必要に応じてテレビ画面で観られるようにする。
ま と め	４　めあてを振り返る。 Ｔ１：チェックシートを出して、今日の「聴き方・伝え方」について振り返りをしましょう。 Ｃ：今日は、抑揚や強弱に気を付けて言えたから「名人」に○を付けられそう。 Ｃ：ぼくは友達の発表を最後までしっかり見て聴くことができたから、聴く力は「上級」だな。 Ｔ３：どのグループも随分上達しました。発表会では自信をもって披露してください。 今回学んだことは、毎日の生活の様々な場面で役立ちます。私のように職業にする人もいるかもしれませんね。ぜひ頑張ってください。	🌱手だて②「チェックシート」を活用し、今日のめあてについて振り返らせる。  ・児童が自分の進歩を実感し、今後に役立つ力を身に付けられたという思いをもてるように、Ｔ３からまとめの話をしてもらう。

(3) **評価**

・詩の様子や内容を想像しながら、ペアやグループで読み方を工夫して音読しようとしている。

・ペアやグループで読み方を考え、言葉の抑揚や強弱、間の取り方などに注意してお互いの声を聞きながら、読み方を工夫することができる。

10　成果と課題

(1) **成果**

・ゲストティーチャーの実演や説明は説得力があり、児童は意欲的な姿勢で、多くのことを学ぶことができた。

・グループ練習では、自分たちで決めた音読のめあてを意識しながら、生き生きとした表情で集中して練習していた。

・一人一人が自分でめあてを決め、振り返ることができるチェックシートが有効であった。

・教師が児童と対話し、「いいところに気付けたね」といった言葉かけをしていたことが「キャリア・カウンセリング」(学びの価値に気付かせる対話)になっていた。

・子どもたちは詩の朗読を通して、「誰かを笑顔にした」「心を動かした」「役に立った」という自己有用感を感じることができた。このような自己有用感に伴う自己肯定感が得られたことがよかった。

・今回の学習は、教室だけの学びにとどまらず、教室を出て、子どもたちの将来につながるものになった。

(2) 課題

・今回「詩の音読」で学んだ「伝える力」「聴く力」を、他の単元や教科、日常生活など様々な場面でも生かせるように指導し、子ども自身の思いや考えを自分の言葉で伝えられるようにしていく。

(3) 評価

・詩の様子や内容を想像しながら、ペアやグループで読み方を工夫して音読しようとしたか。

・ペアやグループで読み方を考え、言葉の抑揚や強弱、間の取り方などに注意してお互いの声を聞きながら、読み方を工夫することができたか。

キャリア教育に取り組んで（実態調査とその結果・考察）

　ここまで、尾山台小学校のキャリア教育の歩みについて紹介をしてきました。この4年間（平成27年度～平成30年度）の実態調査の結果と考察について、研究推進委員の秋嶺がまとめています。

実態調査とその結果・考察

　　　　　　　　　　　　　　　　　　　　　　　　　　　研究推進委員　秋嶺　創大

　キャリア教育の研究に取り組むにあたって、「めざす児童像」に沿った意識調査を行うことで、本校の児童の実態を把握するために、平成27年度から平成30年度の間に毎年2回ずつ、計8回の意識調査を行いました。調査は、様々な先行研究をもとに本校で作成した独自の質問紙を活用しました。

＜全校児童の合計を100％とした各回答項目の割合＞

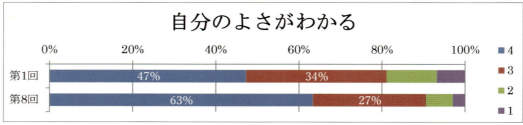

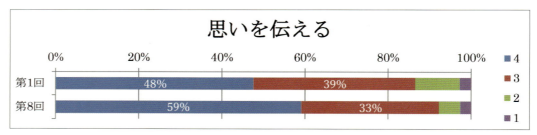

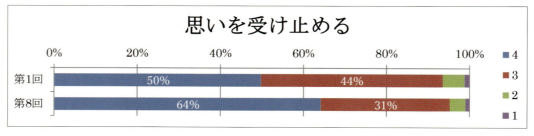

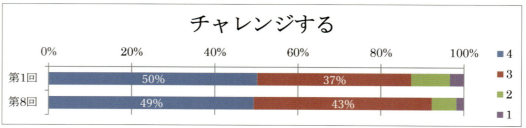

調査の結果、本校のキャリア教育目標の４つの力全てにおいて肯定的な回答の割合で伸びが見られました。肯定的な回答をする児童の割合がどの項目でも90％を超え、特に「よくあてはまる」と回答した割合が大きく伸びる結果となりました。

　教室に掲示した各学年に合わせたキャリア教育目標や、キャリア教育年間指導計画を廊下に掲示することによって、教員だけでなく児童もキャリア教育目標を意識して生活することができ、学校全体に浸透していきました。全ての教育活動でキャリア教育を意識して取り組んだ結果、児童の力を伸ばすことにつながりました。

　また、29年度から始めた「振り返りノート」や「キャリアンパスポート」での振り返りから自分の成長を実感する機会が増えたことや、子どもの振り返りについて教師がコメントを入れて返すことで、自己肯定感につながり、「自分のよさが分かる」で肯定的な回答の割合が増加したと考えられます。

　キャリア教育を推進するにあたり、学級経営の充実を図る取り組みも行いました。具体的には、休み時間にできる遊びを紹介したり、ミニサッカーゴールを購入したりして、児童の外遊びが活性化するよう環境を整えていきました。すると、休み時間に外で遊ぶ児童の数が増え、児童の体力面でも伸びが見られました。さらに、毎週水曜日の朝に行っている「朝スポ」という陸上のスポーツ活動にチャレンジする児童の数も増えました。校庭を10周以上走ろうと目標を決めて取り組むなど、失敗を恐れずに「チャレンジしよう」という児童のやる気が高まり、運動面においても頑張る児童の姿が増えてきました。

＜体力テストにおける、H27年度とH30年度の立ち幅跳び平均値比較＞

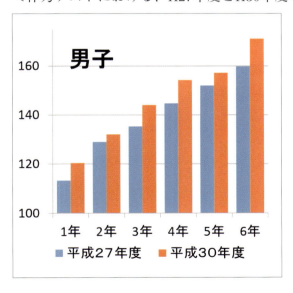
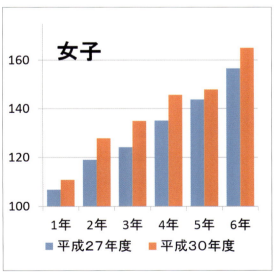

＜体力テストにおける、H27年度とH30年度の体力合計点の比較＞
※体力合計点：体力テストの各種目の測定値を10点満点で得点化し合計した得点（80点満点）

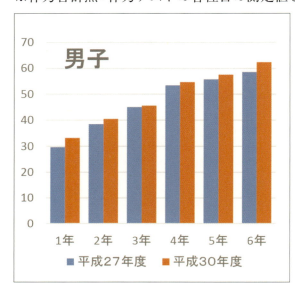
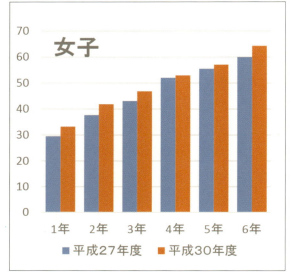

＜体力テストにおける、H30年度の本校と世田谷区平均、全国平均の体力合計点の比較＞

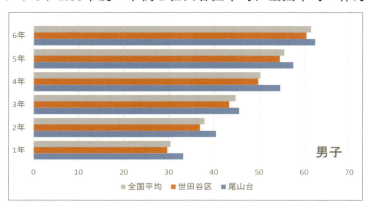
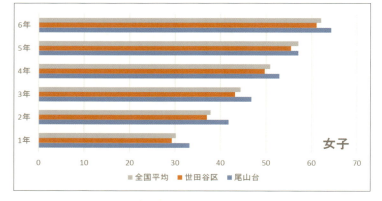

　実態調査の結果から、子どもたちの実態と変容が明らかになりました。第2章から第8章で、これまでの取組を詳しく説明をしていきたいと思います。

資料（研究だより）

尾山台小学校　研究だより

平成27年度10月5日
研究推進委員会
No.1

研究主題

「自分も他者も大切にし、自信をもって挑戦する子どもの育成」
～全教科・領域におけるキャリア教育の実践を通して～

　今年度から来年度にかけて、本校では「キャリア教育」を通して「**自分も他者も大切にし、自信をもって挑戦する子ども**」を育てるための研究を行っています。

　「キャリア教育」とは、児童一人一人の社会的・職業的自立に向けて必要な能力を育てる教育です。近年のPISAやTIMSSなど国際的な学力調査によると、日本の若者は数学・科学、読解力などの分野においてトップに近い成績ですが、意識調査では、「自分に自信がない」「授業が楽しみでない」「今学んでいることを無駄だと感じている」割合が高いという結果が出ています。こうした現状を改善するために、「**学びと未来をつなぐ**」「**学びと実社会をつなぐ**」役割を果たすのが「**キャリア教育**」です。

　私たち、尾山台小の職員は、本校の子どもたちの課題は何か、どんな力を付けさせる必要があるのかを繰り返し検討し、身に付けさせたい力を4つにまとめました。

- 自分のよさに気づく力
- 人を大切にする力
- 思いを伝える力
- チャレンジする力

　これら、4つの力が磨かれることで、自己肯定感や安心感、勇気などが生まれ、「**自分も他者も大切にし、自信をもって挑戦する**」**尾山台の子ども**を育てることができるのではないかと考えました。
　夏休みには、この4つの力について、学年ごとにさらに具体的なめあてを決め、キャリア教育を通してめあてを達成させるための年間指導計画を作成しました。職員室前の廊下に掲示してありますので、機会がありましたらご覧ください。

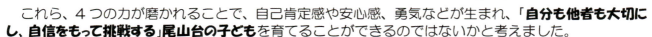

9／24　3年2組　国語科「様子や気持ちが伝わるように読もう」

　今年度最初の研究授業は、3年2組で行いました。中学年分科会では、以下の4つを具体的なめあてとして考えました。

　　　　「自分のよさに気づく力」…自分のよさに気づくことができる
　　　　「人を大切にする力」…相手を見て最後まで話を聞くことができる　★
　　　　「思いを伝える力」…相手を見て場面に合った声の大きさで話すことができる　★
　　　　「チャレンジすることができる」…どんなことでも自分から取り組むことができる

　今回の授業では★印のめあてに重点を置き、子どもたちは自分が選んだ詩について詩の様子や気持ちが聞き手に伝わるように、声の大きさ・間の取り方・抑揚などを工夫して音読練習しました。
　具体的な手立てとして、以下の4点を考えました。
　　　① プロの俳優（「遊劇手」主催　山田太一さん）の朗読を聞き、アドバイスを受ける。
　　　② 「聴く力・伝える力チェックシート」を活用する。
　　　③ ペアやグループでアイディアを出し合いながら練習する。

④ 音読のめあて（テーマ）を決めて練習し、発表する。

授業の様子

「教室はまちがうところだ」を読みます。「まちがってもいいんだ」と思ってほしいです。

山田さんの朗読はすごい！読み方によって、こんなに伝わり方が違うんだ！

ぼくも、将来俳優の仕事がしたいな。

○講師として、文部科学省教科調査官の　長田　徹　先生にお越しいただきご指導を賜りました。

成果(○)・今後の取り組み(☆)

○ゲストティーチャーの実演や説明は、説得力があり、子どもたちの意欲が引き出されていた。
○子どもが自分でめあてを決め、振り返りできるチェックシートがよかった。
○グループ練習では、どのグループも子どもたちが生き生きとした表情で集中して取り組んでいた。
○子どもたちが、グループごとの音読のめあてを意識して練習していた。
○失敗しても子ども同士で声をかけ合ったり、教師が「大丈夫だよ」と励ましたりして、自己肯定感に包まれた雰囲気があった。
☆今回「詩の音読」で学んだ「伝える力」「聴く力」を、他の単元や教科、日常生活など様々な場面でも生かせるように指導し、子ども自身の思いや考えを伝えたり聞いたりできるようにしていく。

講師の先生より

★子どもたちは詩の朗読を通して、「誰かを笑顔にした」「心を動かした」「役に立った」という自己有用感を感じることができた。このような自己有用感に伴う自己肯定感が得られたことがよかった。
★教師が児童と対話し、「いいところに気付けたね」といった言葉かけをしていたことが「キャリア・カウンセリング」（学びの価値に気付かせる対話）になっていた。
★ゲストティーチャーと担任の発した言葉が、子どもたちの中で文脈としてつながり、同じ内容でも違う表現で繰り返し言われることが効果的だった。
★「伝える」「聴く」ことについて、ハートもスキルも両方大切であり、ゲストティーチャーの話からは学ぶべきことが多かった。
★「キャリア教育」として、今日の学習は、教室だけの学びにとどまらず、教室を出て、子どもたちの将来につながるものになった。

尾山台小学校　研究だより

平成28年度2月22日
研究推進委員会
No.2

研究主題

「自分も他者も大切にし、自信をもって挑戦する子どもの育成」
～全教科・領域におけるキャリア教育の実践を通して～

10／30　5年　総合的な学習の時間　「川場タイム」

高学年分科会では、研究主題を受け、以下の4つをめあてとして進めています。
① 自分のよさに気づく力　「自分のよさに気づきそのよさを生かそうとすることができる」
② 人を大切にする力　　　「肯定的な反応を返しながら話を聞くことができる」
③ 思いを伝える力　　　　「自分の思いを相手にとめてもらおうと工夫することができる」
④ チャレンジする力　　　「自分を高めるためにめあてをもって取り組むことができる」

今回は総合的な学習の時間「川場タイム」を通して、川場村の魅力を4年生に分かりやすく伝えるために「視覚の訴え」「話の構成」「話し方」の3点を工夫して、プレゼンテーションをおこないました。4年生に発表する前に、互いの発表を聞き合い、質問やアドバイスをしながら内容を深め合いました。

4年生が発表を聞いて川場村に興味をもってくれるといいな。

天狗山の秘密について話をします。天狗山には小さな小屋があります。その小屋では、子どもが・・・。

ＳＬがどうやって走っているか説明を増やした方がいいよ。そのほうが4年生が分かりやすいよ！

次の時間に説明を増やそう！写真も大きくして4年生が分かりやすいようにしよう！

「森の中で栽培されている・・・」というクイズは4年生も楽しんでくれそうだと思いました。

ステップアップシートで友達の発表を評価します。話の組み立て方、声の大きさは？

〜リハーサルを終えて〜
4年生に川場村に興味をもってもらいたいので、友達にアドバイスしてもらったことを次の時間に修正したいです。

〜リハーサルを終えて4年生に発表をした時の感想〜
- 「想像と違う川場村を4年生に知ってもらう」という班のめあては、4年生が発表を聞いて、うなずいたり質問をしてくれたりしたので達成できたと思う。
- 4年生が質問をしてくれた時に、5年生、一人一人の発表をきちんと聞いてくれたことが分かって嬉しかった。
- 4年生に発表した時に、パワーポイントを見て「すごい！」と言ってくれて「パワーポイントを作ってよかったな」と思った。
- 4年生が発表を聞いて、笑ってくれたり楽しんでクイズに答えたりしてくれたりしたのでホッとした。
- パワーポイント作りや発表の仕方など、グループで協力してできたのでよかった。自分一人では、ここまでできなかった。

成果（○）・今後の取り組み（☆）
○「4年生のために」という相手意識をしっかりもって子どもたちが活動していた。各班のめあてがよく話し合われていた。
○パワーポイントの作成はどの子どもも工夫されていた。
○肯定的な言葉でアドバイスすることができた。
○友達のアドバイスを素直に聞き、次に生かそうとする姿勢がよかった。
☆タブレットを使って、具体的にどのように直すか画面を見ながら話し合えるとさらによい。
☆ステップアップシートは、相手のグループの班のめあてが書いてあることで、相手のグループを評価できるとよい。

講師の先生より
- 今回の授業は、子ども一人一人が目的意識をもって授業に臨み活躍する場があった。
- 事前に4年生の担任の先生や専科の先生にリハーサルを見てもらい、話し方や視覚の訴え（パワーポイント）が4年生に分かりやすいものになっているか、アドバイスをもらうとよい。
- 子どもにとって、リハーサルをして褒められないことは決して不幸なことではない。自分のしたことに、何も触れられず本番で失敗することのほうが不幸である。リハーサルの中では、気付いたことを互いにどんどん指摘していくことが大事である。
- 指摘されたことが、いい学びになり次への成功につながる価値付けとなる。
- 4年生への発表を終えて、子どもたちが「やってよかった」と感じることができたら成功である。

キャリア教育が求められる今日の背景　　長田徹 解説

　尾山台小学校では、まず、なぜキャリアなのか、その必要性や児童の実態を正確につかむことから取組をスタートさせました。

　PISA2015の結果は周知のとおり我が国の生徒の学習状況を示しました。OECD加盟35各国中、数学的リテラシーと科学的リテラシーは１位、読解力は６位となりました。一方、同じ調査で日本の生徒の回答が、国際平均を大きく下回った項目があります。「科学の楽しさ（項目例：科学の話題について学んでいるときは、たいてい楽しい）」指標、「科学に関連する活動（項目例：科学を話題にしているテレビ番組を見る）」指標、「科学学習者としての自己効力感（項目例：地震がひんぱんに発生する地域とそうでない地域があるのはなぜかについて説明すること）」指標です。なお、「理科学習についての道具的な動機付け（項目例：理科の科目を勉強することによって将来の仕事の可能性を広げてくれるので、私にとってやりがいがある）」指標は前回調査から大きな改善傾向を示しましたが、それでもなお国際平均を下回っています。

　TIMSS2015においてもわが国の児童生徒の平均得点の高さを示しました。小学４年算数は49か国中５位、小学４年理科は47か国中３位、中学２年数学は39か国中５位、中学２年理科は39か国中２位でしたが、「数学・理科を勉強すると日常生活に役立つ」等の質問項目でわが国の児童生徒は国際平均を下回る結果となりました。

　この傾向は、新しいものではありません。PISAやTIMSSの調査が始まって以降指摘されてきたことなのです。学びが生活や社会につながらず、学びへの興味関心が希薄で、受験や入社試験後にそれまで蓄積してきた知が剥落する危険性があることなど、内的動機付けによる学習意欲の向上が、わが国教育の大きな課題となってきました。

　新たな学習指導要領の前文「児童が学ぶことの意義を実感できる環境を整え」や総則の「児童が、学ぶことと自己の将来とのつながりを見通しながら、社会的・職業的自立に向けて必要な基盤となる資質・能力を身に付けていくことができるよう、特別活動を要としつつ各教科等の特質に応じて、キャリア教育の充実を図ること」の背景はここにあります。

　なぜ学ぶのか、この学びが何につながっていくのかをキャリア教育などを通じて、教師が意識して指導に当たるとともに、児童に認識させることの重要性が確認されているのです。

【小学校学習指導要領前文　（太字は筆者）】

　教育は、教育基本法第１条に定めるとおり、人格の完成を目指し、平和で民主的な国家及び社会の形成者として必要な資質を備えた心身ともに健康な国民の育成を期すという目的のもと、同法第２条に掲げる次の目標を達成するよう行われなければならない。
１　幅広い知識と教養を身に付け、真理を求める態度を養い、豊かな情操と道徳心を培うとともに、健やかな身体を養うこと。
２　個人の価値を尊重して、その能力を伸ばし、創造性を培い、自主及び自律の精神を養うとともに、職業及び生活との関連を重視し、勤労を重んずる態度を養うこと。
３　正義と責任、男女の平等、自他の敬愛と協力を重んずるとともに、公共の精神に基づき、主体的に社会の形成に参画し、その発展に寄与する態度を養うこと。

4 生命を尊び、自然を大切にし、環境の保全に寄与する態度を養うこと。
5 伝統と文化を尊重し、それらをはぐくんできた我が国と郷土を愛するとともに、他国を尊重し、国際社会の平和と発展に寄与する態度を養うこと。

　これからの学校には、こうした教育の目的及び目標の達成を目指しつつ、一人一人の生徒が、自分のよさや可能性を認識するとともに、あらゆる他者を価値のある存在として尊重し、多様な人々と協働しながら様々な社会的変化を乗り越え、豊かな人生を切り拓き、持続可能な社会の創り手となることができるようにすることが求められる。このために必要な教育の在り方を具体化するのが、各学校において教育の内容等を組織的かつ計画的に組み立てた教育課程である。

　教育課程を通して、これからの時代に求められる教育を実現していくためには、よりよい学校教育を通してよりよい社会を創るという理念を学校と社会とが共有し、それぞれの学校において、必要な教育内容をどのように学び、どのような資質・能力を身に付けられるようにするのかを教育課程において明確にしながら、社会との連携及び協働によりその実現を図っていくという、社会に開かれた教育課程の実現が重要となる。

　学習指導要領とは、こうした理念の実現に向けて必要となる教育課程の基準を大綱的に定めるものである。学習指導要領が果たす役割の一つは、公の性質を有する学校における教育水準を全国的に確保することである。また、各学校がその特色を生かして創意工夫を重ね、長年にわたり積み重ねられてきた教育実践や学術研究の蓄積を生かしながら、生徒や地域の現状や課題を捉え、家庭や地域社会と協力して、学習指導要領を踏まえた教育活動の更なる充実を図っていくことも重要である。

**　児童が学ぶことの意義を実感できる環境を整え、一人一人の資質・能力を伸ばせるようにしていくことは、教職員をはじめとする学校関係者はもとより、家庭や地域の人々も含め、様々な立場から児童や学校に関わる全ての大人に期待される役割である。幼児期の教育及び小学校教育の基礎の上に、高等学校以降の教育や生涯にわたる学習とのつながりを見通しながら、児童の学習の在り方を展望していくために広く活用されるものとなることを期待して、ここに小学校学習指導要領を定める。**

　こうした、キャリア教育の理解や尾山台小学校の児童の実態把握は、「教科でのキャリア教育は難しい」という多くの学校で見られるハードルを見事に越える要因となりました。「学びが将来や社会づくりにつながることを児童に実感させる」という至極まっとうな意識や活動がキャリア教育であること、これまで尾山台小学校の教職員が行ってきた指導の意味付け、意義付けにもなったことで当時の教職員の動機付けになり、複数年にわたる継続及び改善の推進力にもつながりました。

　教科等のねらいを大事にし、尾山台小学校として児童に身に付けさせたい資質・能力に迫るための手立てを教科等の特質や児童の発達段階に応じて工夫していく取組は、まさに、主体的・対話的で深い学びの実現に向けた授業改善と言えるでしょう。

　小学校学習指導要領解説総則編　第3章教育課程の編成及び実施　第4 児童の発達の支援 1 児童の発達を支える指導の充実 には以下のように記されています。

（前略）自己のキャリア形成の方向性と関連付けながら見通しをもったり、振り返ったりする機会を設けるなど主体的・対話的で深い学びの実現に向けた授業改善を進めることがキャリア教育の視点からも求められる。（後略）

　尾山台小学校では日常の教科等の学習指導において、「縦と横のつながりをつくる」ことを大事にしています。教科間、教科と特別活動、授業と生活のつながり、学びと人生、学びと社会、学びと町のつながりを授業で体得できるような仕掛けをたくさん準備することで、です。

第 2 章

資質・能力
身に付けさせたい力をつくる

急速な変化を続ける社会に飛び出す子どもたちには、どのような力が必要なのでしょうか。教職員のみならず、子どもたち自身がそのことを意識しながら学ぶことが大切です。

第2章では、尾山台小学校のキャリア教育目標の策定と、その活用について説明します。

子どもに身に付けさせたい資質・能力

　これからの社会で求められる人材は大きく変化しています。これまでは、より多くの知識を蓄えることが求められていました。しかし、人工知能（AI）の進化からも明らかなように、今の子どもたちが活躍する時代には、ただ多くの知識を蓄えるだけでは、社会で力を発揮することができるとは限りません。

　今後必要とされるのは、様々な問題に対応できる力、困難な状況に粘り強く立ち向かい続ける意欲などが考えられます。

　また、問題場面の多くは対人関係の中で起こるため、コミュニケーション能力や人間関係調整能力も大切になっていきます。

　もちろん、いかに社会が変化しても、知識の習得は重要で、基礎的・基本的な力を子どもたちに身に付けさせる教育は、これから先も大切にされなければなりません。

　本校では、子どもたちに必要とされる基礎的な力を身に付けさせながら、新しく必要とされる力を整理していく必要があると考えました。

　OECDでは「キーコンピテンシー」、内閣府では「人間力」、経済産業省では「社会人基礎力」などが提言されています。

キー・コンピテンシー（OECD）
　単なる知識や技術だけではなく、技能や態度を含む様々な心理的・社会的なリソースを活用して、特定の文脈の中で複雑な要求（課題）に対応することができる力のこと。
１．社会・文化的、技術的ツールを相互作用的に活用する能力（個人と社会の相互関係）
２．多様な社会グループにおける人間関係形成能力（自己と他者との相互関係）
３．自律的に行動する能力（個人の自律性と主体性）

人間力（内閣府）
　社会を構成し運営するとともに、自立した一人の人間として力強く生きていくための総合的な力のこと。
　①　基礎学力を持ち、自らそれを継続的に高めていく力、またそれの応用力として構築される「論理的思考力」「創造力」などの知的能力要素
　②　コミュニケーションスキル・リーダーシップ・公共心・規範意識・他者を尊重し切磋琢磨しながらお互いを高めあう力などの社会・対人関係要素
　これらの要素を十分に発揮するための「意欲」「忍耐力」や「自分らしい生き方や成功を追求する力」などの自己制御的要素。

社会人基礎力（経済産業省）

組織や地域社会で多様な人々とともに仕事をしていくために必要な基礎的な力。

1．前に踏み出す力
　　主体性・働きかけ力・実行力
2．考え抜く力
　　課題発見力・計画力・創造力
3．チームで働く力
　　発信力・傾聴力・柔軟性・状況把握力
　　・規律性・ストレスコントロール力

※能力を発揮するにあたって、自己を認識してリフレクション（振り返り）しながら、目的、学び、統合のバランスを図ることが、自らキャリアを切り開いていく上で必要と位置付けられる。

（経済産業省「人生100年時代の社会人基礎力」より）

平成28年12月の中央教育審議会答申では「身に付けさせたい資質・能力」について、次のように述べられています。

---
(1)　何を理解しているか、何ができるか（生きて働く「知識・技能」の習得）
(2)　理解していること、できることをどう使うか（未知の状況にも対応できる「思考力、判断力、表現力」の育成）
(3)　どのように社会・世界と関わり、よりよい人生を送るか（学びに向かう力、人間性等の涵養）

平成28年12月21日・中央教育審議会
「幼稚園、小学校、中学校、高等学校及び特別支援学校の学習指導要領等の改善及び必要な方策等について（答申）より」

子どもたちの「生きる力」を育むために、どのような資質・能力を目指すのかを明確にしながら教育活動の充実を図り、児童の発達や特性を踏まえ、「知識及び技能」の習得と「思考力、判断力、表現力」等の育成、「学びに向かう力、人間性等」の涵養という3つの柱をバランスよく実現することができるようにと記されています。

「学びに向かう力、人間性等」の涵養では、「主体的に学習に向かう力」「自己の感情や行動を統制する力」「よりよい生活や人間関係を自主的に形成する態度」などが必要となります。また、メタ認知力、他と協同する力、リーダーシップやチームワーク、感性、優しさや思いやり等人間性に関するものも多く含まれています。

基礎的・汎用的能力＝身に付けさせたい力

社会的・職業的自立に向けて必要な基盤となる能力のことを「基礎的・汎用的能力」と呼びます。

> キャリア教育では、基礎的・汎用的能力の具体的内容については、「人間関係形成・社会形成能力」「自己理解・自己管理能力」「課題対応能力」「キャリアプランニング能力」の４つの能力に整理されています。
>
> これらの能力は、包括的な能力概念であり、必要な要素をできる限り分かりやすく提示するという観点でまとめたものです。この４つの能力は、それぞれが独立したものではなく、相互に関連・依存した関係にあります。このため、特に順序があるものではなく、またこれらの能力をすべての者が同じ程度あるいは均一に身に付けることを求めるものではありません。
>
> これらの能力をどのようなまとまりで、どの程度身に付けさせるかは、学校や地域の特色、専攻分野の特性や子ども・若者の発達の段階によって異なると考えられます。各学校においては、この４つの能力を参考にしつつ、それぞれの課題を踏まえて具体の能力を設定し、工夫された教育を通じて達成することが望まれます。その際、初等中等教育の学校では、新しい学習指導要領を踏まえて育成されるべきです。
>
> 平成23年１月31日・中央教育審議会「今後の学校におけるキャリア教育・職業教育の在り方について（答申）」より

【４つの基礎的・汎用的能力】

人間関係形成・社会形成能力	自己理解・自己管理能力
多様な他者の考えや立場を理解し、相手の意見を聴いて自分の考えを正確に伝えることができるとともに、自分の置かれている状況を受け止め、役割を果たしつつ他者と協力・協働して社会に参画し、今後の社会を積極的に形成することができる力である。 例：他者の個性を理解する力、他者に働きかける力、コミュニケーション・スキル、チームワーク、リーダーシップ等	自分が「できること」「意義を感じること」「したいこと」について、社会との相互関係を保ちつつ、今後の自分自身の可能性を含めた肯定的な理解に基づき主体的に行動すると同時に、自らの思考や感情を律し、かつ、今後の成長のために進んで学ぼうとする力である。 例：自己の役割の理解、前向きに考える力、自己の動機付け、忍耐力、ストレスマネジメント、主体的行動
課題対応能力	キャリアプランニング能力
仕事をする上での様々な課題を発見・分析し、適切な計画を立ててその課題を処理し、解決することができる力である。 例：情報の理解・選択・処理等、本質の理解、原因の追究、課題発見、計画立案、実行力、評価・改善等	「働くこと」の意義を理解し、自らが果たすべき様々な立場や役割との関連を踏まえて「働くこと」を位置づけ、多様な生き方に関する様々な情報を適切に取捨選択・活用しながら、自ら主体的に判断してキャリアを形成していく力である。 例：学ぶこと・働くことの意義や役割の理解、多様性の理解、将来設計、選択、行動と改善等

（1）尾山台小学校の基礎的・汎用的能力＝キャリア教育目標

　本校の子どもたちは、「自分によいところがある」「将来の夢や希望をもっている」と答えている割合が低いこと、「他者と関わること」「自分の考えを伝えること」に苦手意識をもっていること、自分から進んで立候補をしたり、進んで行動したりすることが少ないことなどから、この課題を解決するために子どもたちに「身に付けさせたい力」は何なのか、話し合いの時間をもちました。

① 全教員で、本校のキャリア目標について話し合いを行いました。
　まず、研究推進委員長が、全体に向けて、説明をしました。
　本校の児童の課題と身に付けさせたい力との関連についての説明です。

② グループごとに、本校の子どもの課題を紙に書いて整理しました。
　写真のグループは「大きな声で話す」「苦手なことをやり遂げる」ことが本校の子どもたちの課題と書いています。
　共通理解をするために、この時間を十分にとりました。

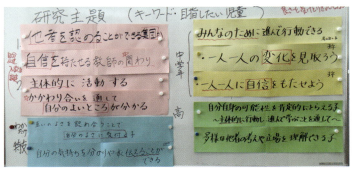

③ 第1回目の話し合いの結果です。
　初めての話し合いなので、子どもの実態から身に付けさせたい力や研究主題までしぼらずにそれぞれの考えをどんどん出しています。

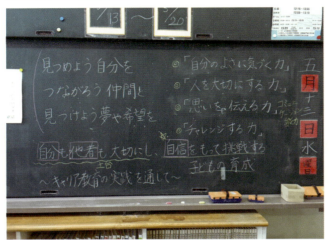

　出来上がったのが、本校のキャリア目標です。
「自分のよさに気づく力」
「人を大切にする力」
「思いを伝える力」
「チャレンジする力」の4つです。
　当時は、キャリア教育の意義を分かりやすくするために、
「見つめよう　自分を
　つながろう　仲間と
　見つけよう　夢や希望を」を
キャッチフレーズにしています。

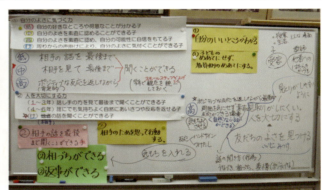

　次に、学校全体のキャリア教育目標を発達段階に合わせたものにするため、学年ごとのキャリア目標を策定しました。これにはとても時間がかかりました。
　以下は、一番初めに作成した6年生のキャリア目標です。

```
　　6年生キャリア目標（案）
　①　自分のよさに気づく力
　→自分のよさを素直に認めることができる
　②　人を大切にする力
　→誰にでも気持ちよく自然にあいさつや反応を返せる
　③　思いを伝える力
　→自分で考えをまとめ、自分から進んで伝えられる
　④　チャレンジする力
　→自分たちで意欲的に課題を見付け、活動を計画し、実行できる
　　　　　　　　　　　　　　　　　　　H27年7月
```

例えば③では、自分で考えはまとめられるが進んで伝えられない場合はどうなるのかと議論になりました。

そこで評価をしやすくするために、目標は１項目にひとつにすることにして、もう一度考え直す作業に入りました。

この目標設定は本校のキャリア教育の根本となるため、丁寧に行おうと考え、全員での話し合いに時間をかけました。最終的には各学年の研究推進委員で構成される研究推進委員会の話し合いでまとめ、キャリア目標を決定しました。

そしてできあがったのが、本校のキャリア目標です。

キャリア教育目標（学年のめあて）

1　**自分のよさに気付く力**
　（低）自分の好きなところや得意なことが分かる
　（中）自分のよさに気づくことができる
　（高）自分のよさに気づき、生かそうとすることができる
　（特支）周りからの声掛けにより、自分のよさに気づくことができる

2　**思いを受け止める力**
　（低）相手の話を最後まで聴くことができる
　（中）相手を見て最後まで話を聴くことができる
　（高）肯定的な反応を返しながら話を聴くことができる
　（特支）相手の話を聴くことができる

3　**思いを伝える力**
　（低）自分の思いを言葉で伝えようとすることができる
　（中）相手を見て場面に合った声の大きさで話すことができる
　（高）自分の思いを相手に受けとめてもらおうと工夫することができる
　（特支）自分の思いを言葉で伝えようとすることができる

4　**チャレンジする力**
　（低）どんなことでもやり遂げようとすることができる
　（中）どんなことでも自分から取り組むことができる
　（高）自分を高めるためにめあてをもって取り組むことができる
　（特支）自分からやってみようとすることができる

（低）……１・２年、（中）……３・４年、（高）……５・６年、（特支）……特別支援学級

身に付けさせたい力の見える化

(1) 教室内に貼ってクラス全員で確認し合う

　子どもたちに「キャリア教育目標＝身に付けさせたい力」を意識させるため、掲示物を効果的に利用することにしました。日常的に見て意識することが、本校のキャリア教育目標の達成に近づけることとなると考えたからです。

　これはプロジェクト・チームで取り組んだ活動です。子どもたちにとってわかりやすく、親しみやすい掲示になるよう検討を重ねました。

　すべての子どもが学びに集中できる環境づくりを進めるために、教室前方の掲示板に掲示するものを精選し、全校で統一しました。

①キャリア教育目標「身に付けさせたい力」の可視化

「身に付けさせたい力」ロゴマークを作成し、教室内に常に掲示することで、教員と子どもたちがいつでも確認できるようにしました。

　授業の中で、「この学習は『チャレンジする』だよね。」と確かめ合い、子どもたちが「身に付けさせたい力」を身近に感じることができるようにしました。

 自分のよさに気づくことができる　　 相手を見てさいごまで話を聴くことができる

 相手を見て場面に合った声の大きさで話すことができる　　 どんなことでも自分から取り組むことができる

　全学級で統一して、「身に付けさせたい力」ロゴマークを教室前方に掲示し、授業の中で常に活用できるようにしました。

②**黒板掲示物の工夫**

　授業の中で、「今、ここがキャリア教育のポイントなんだ」ということを黒板上で明確にするため、教室掲示の「身に付けさせたい力」ロゴマークの縮小版を作成しました。

　単元や行事などを「キャリア」のライトで照らすことで、元々あったねらいの中から、キャリア教育の要素（めあて）が浮かび上がってきます。

　はじめは、教職員が意識的に使用していましたが、そのうちに子どもたちから、「先生、これは よ マークだよ。」「これはチャレンジだから、 チャ だね」等の言葉が聞かれるようになりました。

【「何につながる？」キャリアン】

　以下の文章は、ある若手教員の週案の中の記録です。

> 　１学期終わりから特に意識していたキャリア目標の チャ 聴 伝 ですが、子どもたちのほうも意識するようになりました。「みんなぁ、この時間は チャ だよ！」と言う子がいたり、「先生、 聴 のマグネット貼って！」と言ってくれたりしています。
> 　人の発表を楽しんで聴くようになってきました。
> 　このクラスでは、意欲の差が課題なので、自信のもてない子にチャレンジを頑張らせたいです。『 よ ：自分のよさに気付く』の指導が難しいので、また考えながら授業していきたいと思います。

　また、現在の学習課題と他単元や他教科、将来とのつながりについて、子どもたちの気付きを促すために、「『何につながる？』キャリアン」を作成しました。

　キャリアンは、本校のキャリア教育のマスコットです。人生を山に例え、その山を登っていくイメージで本校の教員がデザインしました。

　指導案や目標にせまるための手だての中にもマークを取り入れました。キャリアンのマークが付いているものが、キャリア教育の手だてです。

　高学年では、算数の「速さ」の単元で「分速」「時速」の学習が終わった後にキャリアンのカードを見て「旅行に行くときに、距離と速度から、新幹線だとどれくらい、車だとだいたいどれくらいと出すことができる」など自分の生活と結び付けて考えることができる子どもが増えてきました。

(2) 「ふりかえりカード」の活用

　各学級で行われている日々の振り返りをもとに、子どもたちが「キャリア教育の目標」をより意識して取り組めるような「ふりかえりカード」を作成しました。
　以下の通り、「ふりかえりカード」作成の目的と使用方法、注意点を設定しました。

①目的
・キャリア教育目標の達成に向けて、子どもたちが具体的な目標をもち、努力できるようにする。
・取組の軌跡を残すことで、子どもたちが自分の成長を振り返ることができるようにする。

②使用方法
・1週間にひとつ、各自で目標を決め、1週間の取組が終わったときに振り返りを記入する。（学級の実態に応じて、取り組み始めは月曜日でなくてもよいこととする。）

・子どもの振り返りについて、教師がコメントを入れて返し、自己肯定感につなげる。子どもの振り返りに共感したり、本人が書いていないけれど教師が発見したよさを書いてあげたりするとよい。「次は○○をがんばろう」という書き方はしない。
・教師からのコメントを励みに、カードを書くことが楽しい、振り返るっていいことなんだと思う気持ちにつなげたい。自分の生活を振り返ることのよさを感じられることが大切。また、本人が自覚できていないよさに気付かせるきっかけにもなる。
・用紙は貼り重ねるなどして、取組が積み重なるように保管する。

③取組に際しての注意点
・ベースとなる様式は、低・中・高・けやき（特別支援学級）の4種類を作成。子どもの実態に応じて、行数等を変えて使用してもよいこととする。
・すでに、別の様式で「ふりかえり」に準じたものを使用している学級は、その様式で引き続き取り組んでもよい。その場合は、「キャリアの視点」を取り入れるようにする。
・子どもが意欲的に継続して取り組めるようにすることを大切にする。

【ふりかえりカード】

低学年　　　　　　　　　　　　　　　　　　中学年

高学年　　　　　　　　　　　　　　　　　　けやき学級

④各学級の振り返り

　高学年は、この振り返りカードだけではなく、日々の振り返りを別のカードで記録することもしばしばあります。高学年は、委員会活動や縦割り活動など、学校のことに取り組むことが多いため、細かい評価が必要な場合があるからです。

　1週間に一度、4つの目標について振り返り、記録するカードを使用している学年もあります。

　成長段階に応じて、様々なカードを工夫して使用することが必要です。

57

活用例①：目標を徐々に高くしていく

ふりかえりカードを使って、できることを増やしていったHさんの記録です。

【こんしゅうのめあて】10月22日（月）
二じゅうとびを❋1回でもせいこうさせる。　できた時には教えてね！
【ふりかえり】10月26日（金）
たくさんれんしゅうして、いえで1回できました。❋
（先生より）
すごい！　おめでとう！！　今どは、学校でせいこうさせてね！

【こんしゅうのめあて】10月29日（月）
先生に見せるため、二じゅうとびを学校でせいこうさせる。
【ふりかえり】11月5日（金）
学校で二じゅうとびはできなかったけど、❋れんしゅうはつづけたいです。
（先生より）
できるまで、ねばり強くとりくんで、私にもぜひ見せてね！

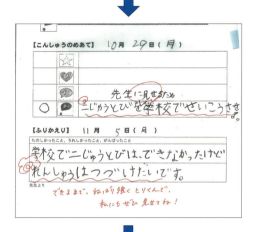

【こんしゅうのめあて】1月28日（月）
どこでも二じゅうとびができるようにする。
【ふりかえり】2月1日（金）
どこでもはできなかったけど、めあてにしてよかったです。
（先生より）
体いくのリズムなわとびや休み時間にもがんばっていたね！！

子どもの見取り
　Hさんは、二重跳びを成功させたいと願い、自分のチャレンジ目標に設定しました。10月22日（月）に目標を立てて9日後には自分の家で成功させています。学校ではなかなかできなかったようですが、年が明けた1月28日（月）にも目標にしています。
　目標を意識するかしないかで、目標達成の道のりは変わります。教員に見てもらうことを励みに努力を続けることで、目標達成はより近くなることでしょう。

活用例②：教員とがんばりを共有する

がんばる気持ちをもつ、努力家のIさん（2年生）の例です。

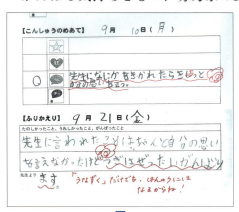

【こんしゅうのめあて】9月10日（月）
先生になにかをきかれたらきちっと自分の思いを言う

【ふりかえり】9月21日（金）
　先生に言われたことはちゃんと自分の思いを言えなかったけどつぎはぜったいがんばります。
（先生より）
　「うなずく」だけでも、はんのうにはなるからね！

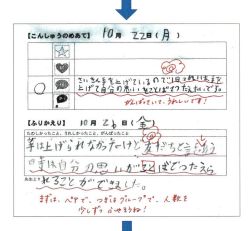

【こんしゅうのめあて】10月22日（月）
さいきん手を上げているので1日いっかいは手を上げて自分の思いをことばでつたえたいです。
　がんばっていて、うれしいです！

【ふりかえり】10月26日（金）
手は上げられなかったけど、友だちと話し合う時は自分の思いがことばでつたえられることができました。
（先生より）
　まずはペアで、つぎはグループで、人数を少しずつふやそうね！

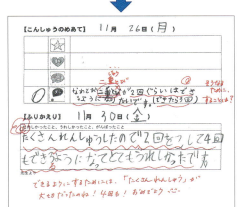

子どもの見取り
　Iさんは、教員の言葉を励みに努力を続けています。ヒントをもらったり自分で考えたりと試行錯誤を繰り返しながら、目標達成を目指しています。教員の言葉が子どもにとって重要なことが分かります。

【こんしゅうのめあて】11月26日（月）
なわとび二重とびが2回ぐらいはできるようになりたいです。（できたら3回）
　そうなるために、することは？

【ふりかえり】11月30日（金）
たくさんれんしゅうしたので2回をこして4回もできるようになってとてもうれしかったです。
（先生より）
できるようにするためには、「たくさんれんしゅう」が大切だったのね！4回も！おめでとう*^_^*

活用例③：達成の喜びを共有する

設定した目標が達成できた喜びを教員が分かち合う例です。

【こんしゅうのめあて】10月29日（月）
今がんばっていることは、❀大きいタイヤをぜんぶジャンプでのれることをがんばっているので、できるようになりたいです。

【ふりかえり】11月5日（月）
❀学どうや昼休み中休みにれんしゅうしたら、ぴょんぴょんととてもうまくとべました。なのでぜんぶのタイヤにのることができました。
（先生より）
目ひょうたっせいのために、こんなにコツコツがんばったのですね！えら～い！！

> **子どもの見取り**
> 　Ｉさんは、様々なことにがんばる様子がうかがえます。「タイヤ跳び」を何度も練習したら「ぴょんぴょんととてもうまくとべました」と振り返っています。このカードをうまく活用して、記録をしながら、先生のコメントを励みにどんどん力をつけていくことでしょう。

目標を設定し、努力の過程で気持ちのよさを味わっている例です。

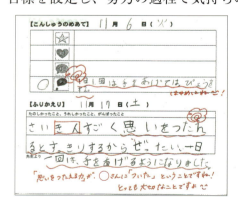 

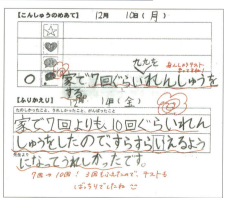

> **子どもの見取り**
> 　２年生の子どもの場合は、手を挙げて発言してみて達成感や充実感を味わうことが多いようです。自分で目標を設定し、やってみることで、積極性や意欲などが引き出されます。
> 　そのような意味からも低・中学年の子どもたちにこのカードは、効果的だと考えられます。

（3）　個人目標の共有
３学期始業式・校長の言葉

初年度（平成27年度）３学期の始業式、校長講話として以下のような話をしました。

> 　新年のあいさつをしましょう。「明けましておめでとうございます。」
>
> 　さて、今日から３学期が始まりました。私は、冬休みの間に皆さんの教室を見て歩きました。それぞれの教室にクラス目標が貼ってあって、みなさんのクラスが大切にしていることが分かりました。
>
> > げんきと笑顔がいっぱい　　最後まであきらめない　　自分からチャレンジする
> > かっこいいクラス　　心を一つに　　力を合わせて　　最高のチーム
>
> 　これから教室に戻ったら教室に貼ってある学級目標を見て、４月の最初の頃のことを思い出してください。このクラスの中で１年間取り組んできたことを振り返ってみてください。
>
> 　みなさんは、クラスに役立つ人になれましたか。
>
> 　まだまだだなあと思った人はまだ間に合います。３月までの間にぜひクラスの一員としての役割を果たし、このクラスでよかったと思えるようにしてください。いいクラスをつくるのはみなさん一人一人です。
>
> 　さて、今日は自分の「目標」を決めると思います。
>
> 　私はみなさんの２学期の目標も見て回りましたが、このようなものがありました。「なりたい自分は『みんなにやさしく尊敬される人になりたい』です。そのための２学期の個人目標は『こまっている人に声をかけられる人になる』です。そして、学習面では、『自分だけじゃなくて友だちの意見もとりあげる』、生活面では『自分からほかの人に声をかける』『委員会でわからない人がいたら教えてあげられるようにする』としています。」
>
> 　これはすべて「なりたい自分」の「みんなにやさしく尊敬される人になりたい」につながっています。なりたい自分に近づけるために、そこにつながるものを目標にするのがポイントです。
>
> （後略）

この話をしたあと、校長室に遊びに来ていた４年生のHさんとRさんに聞いてみました。
　ふたりとも、キャリアン・パスポート（第４章参照）に書いた３学期の目標をもとに、細かい目標を立てたと当然のことのように話していました。

渡部「じゃあ、３学期の目標教えてくれる？」
H・R「いいよ！」
H「じゃあ、私からね……あれ？なんだっけ？」
R「学習面では……なんだっけ？」

ふたりとも、言葉にしようとするとわからなくなってしまうのです。書くのは書いたけれど、身に付いていないのです。

この話を担任にすると、「みんなで共有させるといいのかもしれない」というアイディアが出ました。

そこで、次の日の朝学習の時間に、グループごとに自分の目標をクラスメイトと共有することにしました。

グループでは自由に話し合いをしましたが、発表者が「○○って何をするの？」などという質問に答えているうちに新しい考えが出てきたり、グループのメンバーに話をしているうちに、目標が変わったり、新しい目標が浮かんだりしたようです。

話し合い中に自分で目標を書き直している子どももいましたが、担任は時間をとって、自分の目標を書き直しても、さらに書き加えてもいいことを話しました。子どもたちは、すぐに書き始めました。

自分の目標を人に話すことで、3学期の目標は自分のものになったようです。

身に付けさせたい力の一本化──「つなぐ」教育

　本校では、卒業式での6年生の呼びかけも、キャリア教育で学んだ力を発揮する場としました。キャリア教育の集大成の「リアル職業調べ（第5章参照）」で学んだことを、子どもたちの言葉でまとめて発表しています。

　私たち教職員も、子どもたちの学びを「つなぐ」ことに留意しました。日々の学びが生かされていることを実感させるとともに、その学びが将来の役に立つことを意識させることがねらいです。

【ワークシート「卒業式に向けて」より抜粋】

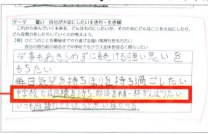 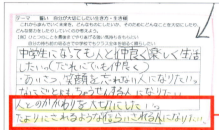

```
【誓い　自分が大切にしたい生き方・生き様】　　平成28年度　卒業式呼びかけ【抜粋】
23　多くの人と積極的に関わることを通して、たくさんのことを学んだ　6年間。
24　「働く」ということについて真剣に考えたリアル職業調べ。
25　様々な職業の方に話を聞くことで、目指したい道が少しずつ見えてきました。
26　私たちがこれから大切にしたい、生き方・生き様。
27　ぼくの持ち前の明るさで、笑顔の絶えないクラスを中学校でも創りたい。
28　みんなが過ごしやすく安心できる雰囲気をつくることのできる一員でいたい。
29　どんなに高い壁があってもあきらめずにその壁を乗り越える強い気持ちをもちたい。
30　自分と正面から向き合い、良さも未熟なところも受け入れられる広い心をもちたい。
31　人の役に立つことを自ら実行し、影で支える人でいたい。
32　人との関わりを大切にし、頼りにされ、信頼される人になりたい。
33　困っている人に積極的に手を差し伸べることのできる、優しい心をもちたい。
34　人の幸せを願い、人の悲しみを一緒に分かち合うことのできる心をもちたい。
35　私たちのために親身になってくれる人に感謝する心を忘れずにいたい。
36　目の前のことに精一杯取り組み、未来への道を自分自身で切り開いていきたい。
　　　　　歌『桜の下で』（6年）
37　12歳になったぼくたち。少しずつ大人に近づきました。
38　まだまだ、未熟だけれど、
39　責任感を身に付け、
40　感謝の心を知り、
41　仲間の大切さを学びました。
42　先生方をはじめ、多くの人たちの愛情で私たちの心は大きく成長しました。
43　ぼくたち、私たちの夢。
44　夢
45　中学校では目標を持ち、部活動を精一杯がんばりたい。
46　動物を心から愛し、小さな命を救うことのできる獣医師になりたい。
47　地域の方に安全で新鮮な野菜を届けられる農業家になりたい。
48　美味しい食事で、多くの人々を笑顔にさせ、幸せを運ぶことのできる料理人になりたい。
49　自分に自信がない人でも、服を着たら輝きと喜びを与えられるようなデザイナーになりたい
50　会場を盛り上げるプレーで人々の心を熱くさせ、子どもたちに夢を与えることのできるバスケットボール選手になりたい。
51　頭の中で考え、創り出したことを現実にすることのできる研究者になりたい。
52　国や文化は違っても国と国の架け橋となって、心を通わすことのできる通訳者になりたい。
53　ぼくたち、私たちは、
54　夢に向かって、今できることは何かを考え、一歩ずつすすんでいきます。
　　　　　歌『旅立ちの日に』（5・6年）
```

子ども主体の学び（主体的・対話的で深い学び）

　キャリア教育を学ぶにつれ、<u>キャリア教育を通して「つながり」を意識させ、子どもたちに学ぶ意義・価値を実感させることができれば、自ずと主体的に学ぶようになる</u>、ということがわかってきました。そこで、「子ども主体の学び」は、授業の質を向上させるために常に意識すべき「標準装備」としました。

子ども主体の学びとは……
「課題の発見と解決に向けて、主体的・協働的に学ぶ学習のこと」

これからの時代に必要な資質・能力

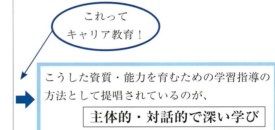

平成26年度11月　文部科学大臣諮問「初等中等教育における教育課程の基準等の在り方について」より
「ある事柄に関する知識の伝達だけに偏らず、<u>学ぶことと社会のつながりをより意識した教育を行い</u>、子どもたちがそうした教育のプロセスを通じて、<u>基礎的な知識・技能を習得する</u>とともに、実社会や実生活の中でそれらを活用しながら、自ら課題を発見し、その解決に向けて主体的・協働的に探究し、学びの成果等を表現し、更に実践に生かしていけるようにすることが重要である。」

これってキャリア教育！

➡ こうした資質・能力を育むための学習指導の方法として提唱されているのが、

　　主体的・対話的で深い学び

ポイント

★　受動的な学び　⇒　能動的な学びへ転換しましょう。
★　子どもたちの「知りたい！」「やりたい！」「伝えたい！」という主体的な思いを重視しましょう。
★　教師の問いかけ・授業の組み立て・ゴール設定によって子どもの取組の姿勢は大きく変わります。

　（例１）　算数「大きな数」２年
　「キャップは全部でいくつあるでしょう？」という発問だけでなく「グループで相談して数えて、どんな数え方をしたのかが分かるように模造紙に表しましょう。」が加わると、子ども同士で意欲的に意見を出し合い、工夫して表そうとします。

　（例２）　社会・総合的な学習の時間「こまつなとり」３年
　「小松菜のひみつについて調べて、学校のみんなに知らせよう。」
　まとめ方を指定するのではなく、「知らせ方を自分たちで考えてみよう。」と指示されると、紙芝居やペープサートなど、色々な方法を工夫してすすんで取り組もうとします。

（1）　「子ども主体の学び」尾山台バージョン

　本校では、「子ども主体の学び」のために、今までの授業の内容や方法を変えていく必要があると考え、具体的にどのように変えればいいのかを考えました。

　子どもたち一人一人の学び方に着目すると、

> ①　課題の設定（見つける）　←課題を見つけ、自分のこととしてとらえる
> 　　　　　↓
> ②　情報の収集（つなげる）　←どう解決すればいいのか考える。既存の学習から考え
> 　　整理・分析　　　　　　　　　たり、友だちと話し合ったりする
> 　　　　　↓
> ③　まとめ　（見つめる）　　←解決した課題の内容等を伝える方法を考える
> 　　　　　　　　　　　　　　　（相手・目的意識を明確に）
> 　　　　　　　　　　　　　　　新たな考えや課題への気づきがある

　このような過程を経ることが重要だと考えました。尾山台小学校では、

> 1　みつける
> 　　⇩　　一人一人が課題を発見し、課題意識をもつ
> 2　つなげる
> 　　⇩　　友だちと協働する中で、考えをつなぎ、深める。
> 3　見つめる
> 　　⇩　　課題（めあて）が達成できたかを振り返る。
> と設定することにしました。

と、特に「つなげる」の部分を大切にすることにしました。

　友だちと学ぶことで多くの情報が集まり、自分とは違う視点の見方を得ることができ、自分の考えを広げたり深めたりすることができると考えました。

①教師はコーディネーターの役割を

　かつては、子どもが「先生、終わりました」と言って待っているだけになることや、指示されたことをやるだけという授業がありました。これでは、画一的な学習になり子どもたちの主体的な学びを引き出しているとは言えません。

　子どもたちから「先生、○○がわかったから、次に○○していいですか？」「先生、○○してみたい」と意見や要望が出るような授業をつくることが大切だと考えました。

　教師は「コーディネーターの役目」を果たすことになります。

　また、一人一人の子どもが悩み、迷い、解決せずにはいられない課題を設定することも必要だと考えました。

　その課題を解決するために友だちと力を合わせて取り組み、考えを広げたり、深めたり

する活動を通して、大切なことを「誰かに伝えたい」と考えることで汎用的能力は発揮され高められていきます。

　単に答えを出すという学びではなく、子どもたちが学習内容を主体的に受け止め、自分との関わりから深く考え、自分や学びの対象との関わりから、生き方、考え方に触れられるような学びを目指したいと考えました。

　このような学びを紡ぐには、教員自身が今までの指導の在り方を見直すことが必要です。
　授業改善のポイントとしては、

---

①　「教師中心」から「授業者中心」へ転換する。
　　授業を変える必要性を教員自身が感じること。
②　「受身・個別」から「協働」のイメージをもつ。
③　教えることを恐れない。
　　すべてを子どもたちに話し合わせるのではない。今までの良い指導法は継承する。教えることはしっかりと教える。

　また、それを支える「授業規律」も大切です。間違いが許される雰囲気、たとえ、「発言が途中で終わっても誰かが引き継いでくれる」と子どもたちが安心して発言できる受容的な集団作りも大切だと考えました。
　受容的な学級づくりは、プロジェクトチームの「学級経営の充実」チームが研究を続け、提案・実施をしましたが、授業がある限り、追求し続ける課題だととらえています。
　子どもの主体的な学びを実現するためには、教員の力が大きいのです。

子ども主体の学び　尾山台バージョン

見つける

① 一人一人が自ら課題を発見し／課題と出会い、自分の考えをもつ

　★具体的で魅力的な課題
　★自ら課題を見つけられる環境作り
　　「知りたい！」「やりたい！」「伝えたい！」を大切に

> Open Questionで問いかけます。「はい」「いいえ」で答えられる問いかけは極力避けるようにします。
> 　✕　Closed Question

（吹き出し）教師の問いかけは？
✕What
✕Who
◎How
◎Why

⬇

つなげる

② 友だちと協働する中で、考えをつなぎ、深める
　　　　（伝える・聞く・取り入れる）

　★ペアや少人数グループ活動　異学年の交流
　★地域とのつながり　ICTの活用
　★教師だけでなくゲストティーチャーや地域の方などによる見守り
　★失敗体験を大切に

> 教師が、考え方の方法をたくさんもちます。見方、考え方を広げるように働きかけをします。

（吹き出し）比べて　関連して　多面的に　構造化して

⬇

見つめる　リフレクション

③ 課題（めあて）が達成できたかを振り返る。

　★全体のめあて　グループのめあて　自分のめあての振り返り
　　⇒　課題を解決した（めあてを達成した）充実感
　　　　自らの進歩を確認　協力したことによる成果を実感

> 肯定的な言葉かけを教師はたくさん持つことが必要です。マジックワードのバリエーションを増やすように日頃から気を付けていきます。

（吹き出し）マジックワード
いいね！
すごいね！
なるほどね！

(2) 子ども主体の学び ―― 授業づくり

(例) 1年　算数「たしざん（2）」
本時のねらい：文章題の意味を正しくとらえ、立式する。

ジグソー法の活用

「7＋4のしきになるもんだいをみつけよう。」
★ジグソー法で学習しよう！

【自力解決タイム】
4つの文章問題を読んで立式し、答えを出します。

班の中で問題を分担し、同じ問題を担当する別々の班の人が3人集まります。

【エキスパート活動】たんとうしゃタイム
図を描きながら、担当する問題の式と答えについて話し合います。

わたしは、7－4になったよ。

だってね、図にするとこうなるでしょ？

【ジグソー活動】もちよりタイム
自分の班に戻って、担当する問題の式と答えについて、なぜそうなるのかを説明します。

【クロストーク】
各班の答えや話し合ったことを全体で共有し、大切なポイントを確認します。

この問題は、7＋4だよ。この絵のようにね・・・

【振り返り】
「○○さんの説明を聞いて、考えが変わった。分かりやすかった。」
「足し算かひき算か、図を描いてよく考えるようにしたい。」
「いつもは自分の考えを言えないけど、今日は言えてよかった。」
「上手に説明できて、みんなが意味を分かってくれて嬉しかった。」

ポイント
◎意見が分かれたときに、どうするかが1年生の段階では難しい。教員がよく見てアドバイスすることも必要である。

(例) 2年　算数「ひき算のひっ算」
本時のねらい：虫食い算を通して、ひっ算についての理解を深め、計算の楽しさを味わう。

アクティブ・ラーニングの視点

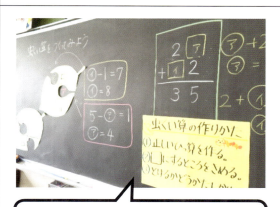

前時に学習した「虫食い算」の解き方・作り方を生かして、本時は「グループで虫食い算の宿題プリントを作ろう」という課題に挑戦しました。

まずは、一人一つ以上の問題を作ります。それを班の友だちと解き合って、解けるかどうかを確かめます。自分たちが作った問題は、隣の班の友だちの宿題になるので、「ちゃんと解ける問題にしなきゃ！」と張り切って取り組みました。

この問題は難しいなあ。

大丈夫！解けるよ。

班のみんなで考えた宿題プリントの完成です！
「自分たちの問題が宿題になるのが楽しみ」「早く宿題をやりたい！」という声が、授業の後も聞かれました。

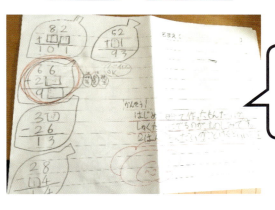

友だちから「解けたよ！」のサインをもらいます。

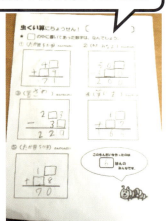

ポイント
◎「班で1枚の宿題プリントを作る」という課題が、児童の意欲を引き出し、友だちと協力して問題を解いたり、教え合ったりできる。
◎自分で問題をつくる楽しさを味わえたのか、その後の家庭学習でも問題作りを楽しむ姿が見られるようになった。

（例）4年　理科「水の3つのすがた」
本時のねらい：プロペラを回す力の正体が何かを考える。

プロペラを回す力の正体が何かを考えよう。

水が沸騰していた！

霧のようなものが見えた！

　単元の導入として、事前に撮影しておいた動画を見せます。
　「霧吹きのようなものが見えた」「水が沸騰していた」など、児童はプロペラを回す力の正体に疑問をもち始めます。

　動画で見た装置を実際に見ることで、「プロペラやホースの中に水滴がついているから、正体は水なのではないか」「水の中から泡が出ているから空気ではないか」などと<u>自然に予想が始まります</u>。

ホースに水滴がついていた。

水の中から泡が出てきた。

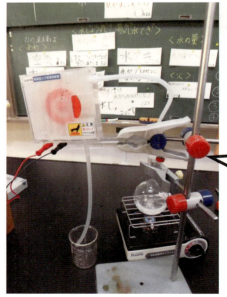

　単元の終末には発展学習として、簡易火力発電キットを提示し、発電の仕組みにも着目できるようにしました。5・6年生の単元へ結び付けると同時に、<u>理科が実社会や実生活に関連していると感じる</u>ことがねらいです。

ポイント
◎児童から出た疑問や気付きを、教師が上手に整理することが重要である。

(例) 5年　体育「フラッグフットボール」
本時のねらい：得点するために有効な作戦を考えることができる。

「たくさん得点しよう」
★チームで協力して作戦を考えよう！

【チームタイム】
作戦ファイルを囲んで、得点するために有効な作戦を話し合います。

【PDCAサイクル】Plan
教室で話し合ったり、校庭でも微修正したりしながらよりよい作戦を考えます。作戦ファイルがあることで、ゲーム中の役割を視覚的にとらえることができます。

わたしがおとりになるよ。

相手の裏をかこうよ。

【ゲーム】
考えた作戦を、ゲームで実行します。

【PDCAサイクル】Do and Check
作戦がうまくいくこともあれば、失敗することもあります。失敗した時に、その理由を考え合い作戦を修正しながら、勝利を目指します。

息を合わせて、「せーの！」

【振り返り】
「作戦をたててプレーする大切さがよく分かった。話し合いは大事。」
「よく話し合ったおかげで、自信をもってプレーできた。」
「うまくいかなかったことを考え直して、次は得点したい。」
「作戦通りに相手をだまして得点できたので、うれしかった。」
「おとり役が上手だという自分のよさを見つけることができた。」

ポイント
◎得点するために有効な作戦を考えるには、ゲームのルールを深く理解する必要がある。
　児童の理解度にはスポーツ経験による個人差があった。
　ゲーム領域の運動を多く経験させ、個人差に応じていく必要がある。

(例)けやき学級5・6年生　道徳「異性との関わり方について知ろう　～ＳＳＴを通して～」
本時のねらい：高学年として異性との関わり方について理解する

> かっこいい大人になるためにどうしたらいいかな？

かっこいい大人になるためにをキーワードに異性との関わりについて普段の生活のエピソードを交えながら、事例ごとに正しい行動だったのかどうかを絵や写真を見ながら考えていきます。

学校や公園で、友だちにふざけて抱きついてもよいと思いますか？

ちがいまーす！
おかしいと思いまーす。

考えたことや異性との関わり方についてプリントにまとめ、理解を図ります。

学んだことをロールプレイングを通して確認し、定着を図ります。

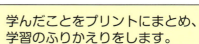

学んだことをプリントにまとめ、学習のふりかえりをします。

「友だちと仲良くするために、距離に気を付けていきたいと思います。」
「友だちが間違えていたら、優しく教えてあげたいです。」

ポイント
◎理論と実践を組み合わせて学習を進めることで、内容を深く学習し定着を図ることができる。
◎ロールプレイングや視覚教材を多く使うことで、障害特性にあわせた指導ができる。

具体的な資質・能力の設定

長田徹 解説

　尾山台小学校の資質・能力の設定には相当な労力と時間がかかったことは事実です。特に児童や地域住民にも共有でき、評価するときのことを考えて具体的な設定をねらったからです。

　基礎的・汎用的能力の育成につながる指導方法や学習方法は限りなく存在し得るものです。だからこそ資質・能力、身に付けさせたい力の明確化が求められるのです。意図なく計画なく「これも社会で重要」「これも将来は大事」とやりだせば、教師が各教科の目標を見失うだけでなく、児童にとっても何を目指しているのかわからない、混乱した授業になってしまいます。

　学習指導要領では、それぞれの学校において、必要な教育内容をどのように学び、どのような資質・能力を身に付けられるようにするのかを教育課程において明確にすることとしています。

> （1）知識及び技能が習得されるようにすること。
> （2）思考力、判断力、表現力等を育成すること。
> （3）学びに向かう力、人間性等を涵養すること。

　その具体的な設定について、平成28年中央教育審議会答申から読み解きましょう。

> 　こうした枠組みを踏まえ、教育課程全体を通じてどのような資質・能力の育成を目指すのかは、各学校の学校教育目標等として具体化されることになる。（中略）特に「学びに向かう力・人間性等」については、各学校が子供の姿や地域の実状を踏まえて、何をどのように重視するかなどの観点から明確化していくことが重要である。

　資質・能力は各学校において具体化されるのです。目の前の児童の現状を見つめて、どんなことができる児童にしたいのか、どんな力を身に付けた大人になってほしいのか、地域の実情も踏まえて学校で明らかにしていくということです。

　これまでもキャリア教育では、身に付けさせたい力である基礎的・汎用的能力について各校において具体的かつ焦点化して設定していただくことをお願いしてまいりました。児童の「強み」と「弱み」を把握し、一定の期間を通じて具体的に「何ができる○年生（卒業生）」にしたいのか基礎的・汎用的能力の視点で目標を設定し、それによってアウトカム評価を実施していくということです。

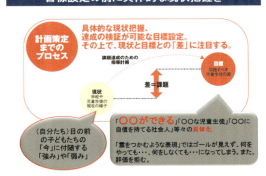

　新たな学習指導要領には以下のように示されています。

【第1章 総則　第2 教育課程の編成　1 各学校の教育目標と教育課程の編成】

> 　教育課程の編成に当たっては、学校教育全体や各教科等における指導を通じて育成を目指す資質・能力を踏まえつつ、各学校の教育目標を明確にするとともに、教育課程の編成についての基本的な方針が家庭や地域とも共有されるよう努めるものとする。

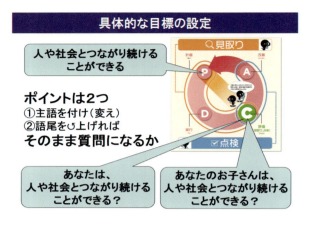

「社会に開かれた教育課程」の編成は、物理的に学校の扉を開くとか、学校が考えた行事や授業のお手伝いを地域住民が行うという「共同」の段階を終えて、次のステージを求めています。授業づくりや学校行事の運営に当たって、その目標や基本方針を家庭や地域と共有して「協働」する。そのためには教師でなくとも理解できる具体的な目標や資質・能力の設定が必要です。

　尾山台小学校の資質・能力は、この点を大事にして丁寧な作業を繰り返した結果、できあがったものなのです。

　「○○できる」という尾山台小学校の学年の重点目標(資質・能力)設定は、主語を変えるだけで「あなたは○○ができるようになりましたか」「あなたのお子さん(学級の児童)(体験を受け入れていただいた児童)は○○ができるようになりましたか」と評価に直結させることをねらっています。目標設定と評価項目にずれがあるため教育活動のPDCA(検証改善)サイクルが回しにくかったり、評価の負担感が大きかったりしたのではないでしょうか。円滑なPDCAサイクルのためにも具体的な能力設定をお勧めいたします。

　これもまた、キャリア教育でこれまでお願いしてきたことですが、基礎的・汎用的能力の重点化、焦点化についてです。基礎的・汎用的能力が「人間関係形成・社会形成能力」「自己理解・自己管理能力」「課題対応能力」「キャリアプランニング能力」の4つの区分になっているからといって均一・均等な能力設定にする必要は何らありません。むしろ、そういった総ナメ的な設定がキャリア教育を混乱させている可能性があります。

　児童生徒たちにこんな力が必要ではないかと教師が話し合い、それが社会の求める力と合致しているのか確認する際に基礎的・汎用的能力を活用していただくことは極めて有効です。教師の考え方や方針を意味付けるとともに、現在の取組状況を確認し、社会人・職業人として必要な能力の育成を積み上げていくのです。

　また、身に付けさせたい力の焦点化がなかなかできないとの声を聞きます。「どの力もうちの児童には身に付けてほしいものばかり」と。さらには、「例えば、課題対応能力に焦点化することによって人間関係形成・社会形成能力は身に付けさせなくてもよいことになるのか」との声もあります。しかし、基礎的・汎用的能力の4つの区分は相互に関わり合っており、はさみで切るように区分けはできません。だからこそ、キャリアプランニング能力に焦点化して引き上げようとすれば、密接に関わり合っている他の3つの力もキャリアプランニング能力に続いて引き上げられるものではないでしょうか。

　キャリア教育が持続的に推進され、日常の指導に溶け込んでいる学校ではこの身に付けさせたい力である基礎的・汎用的能力の具体化・焦点化がうまくいっています。身に付けさせたい力の「焦点化を恐れない」という視点も大事なのです。

第 **3** 章

学びの地図
カリキュラム・マネジメントの実践

キャリア教育は、全ての教育活動で実施するものです。そのためには、それぞれの活動の関連性を把握することが大切です。

第3章では、尾山台小学校のキャリア教育年間指導計画の作成手順と、これをもとにした実践例について説明します。

全体像をわかりやすく見渡せるようにする

学習指導要領が、学校教育を通じて子どもたちが身に付けるべき資質・能力や学ぶべき内容、学び方の見通しを示す「学びの地図」として、教職員のみならず、子ども自身が学びの意義を自覚する手掛かりとしたり、家庭・地域、民間企業等において幅広く活用したりできるようにすることを目指す。

（平成28年8月1日・中央教育審議会「次期学習指導要領にむけたこれまでの審議のまとめ」より）

（1）　学びの地図

　地図は、"一部あるいは全部の状況を、縮小して、記号化し平面上に表現したもの"として大昔には、「文字より古いコミュニケーション手段」と称され、表現手法として重宝されてきたそうです。

　新学習指導要領では、「子どもたちが身に付けるべき資質・能力や学ぶべき内容、学び方の見通しを示す『学びの地図』」と記しています。

　確かに地図のようにわかりやすく、全体の中での位置を示すことができるものがあれば、子どもたちや教職員が学びの指針として活用することができます。

　学びの地図＝教科横断的な見方ができる図表については、新学習指導要領で「カリキュラム・マネジメントの重要性」の中で大きく取り上げられています。

　３つの側面　（教育課程を軸に学校教育の改善・充実の好循環を生み出す）

① 各教科の教育内容を相互の関係で捉え、学校教育目標を踏まえた教科横断的な視点でその目標達成に必要な教育の内容を組織的に配列していくこと
② 教育内容の質の向上に向けて、子どもたちの姿や地域の現状等に関する調査や各種データ等に基づき教育課程を編成・実施し、評価して改善を図る一連のPDCAサイクルを確立すること
③ 教育内容と、教育活動に必要な人的・物的資源等を、地域等の外部の資源も含めて効果的に組み合わせること

（2）尾山台小学校版　年間指導計画

　尾山台小学校では、子どもたちが学ぶべき内容や身に付けさせたい資質・能力を分かりやすく年間指導計画に表して廊下に掲示しています。

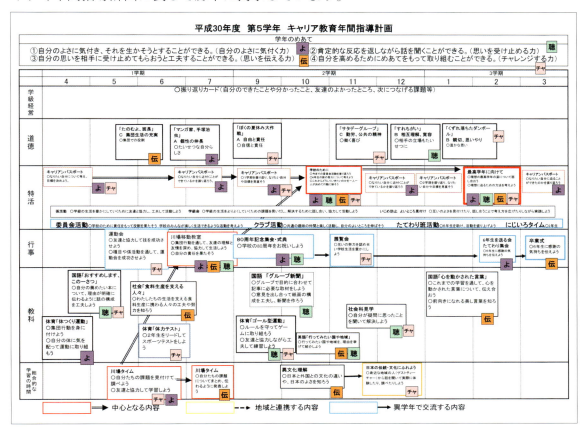

①年間指導計画の作成方法

　この年間指導改計画は、縦軸に教科や領域を、横軸には1学期、2学期と月日を表しています。

　まず、子どもたちの実態や今まで学んできた内容等から1年間のメインになる学習や行事を決めます。そして、その行事で身に付けさせたい資質・能力を考えます。資質・能力は、1回だけその行事を行ったから、その内容の学習を行ったからといってすぐ身に付くものではありません。その力を身に付けさせるために、その学習の前にどのような学習があればいいのか、そしてそれを今後にどのようにつなげていくのかを考えます。それを年間指導計画上に矢印で結びながら記入します。メインになる活動は赤枠太字で囲い、前後も赤で囲うとわかりやすくなります。

　特別活動の異学年交流等は青で囲い、地域と連携する活動は黄色で囲います。

　平成30年度より、キャリアン・パスポートも明記するようにしました。特別活動の時間は無限にあるわけではなく、しっかりとした計画で行うことが必要だと感じたからです。

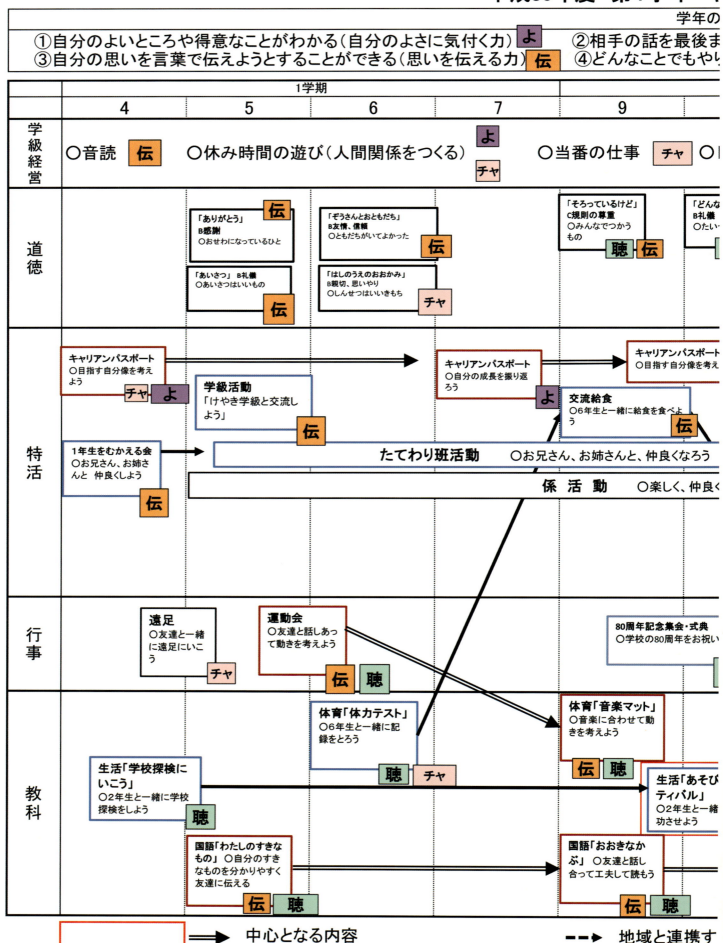

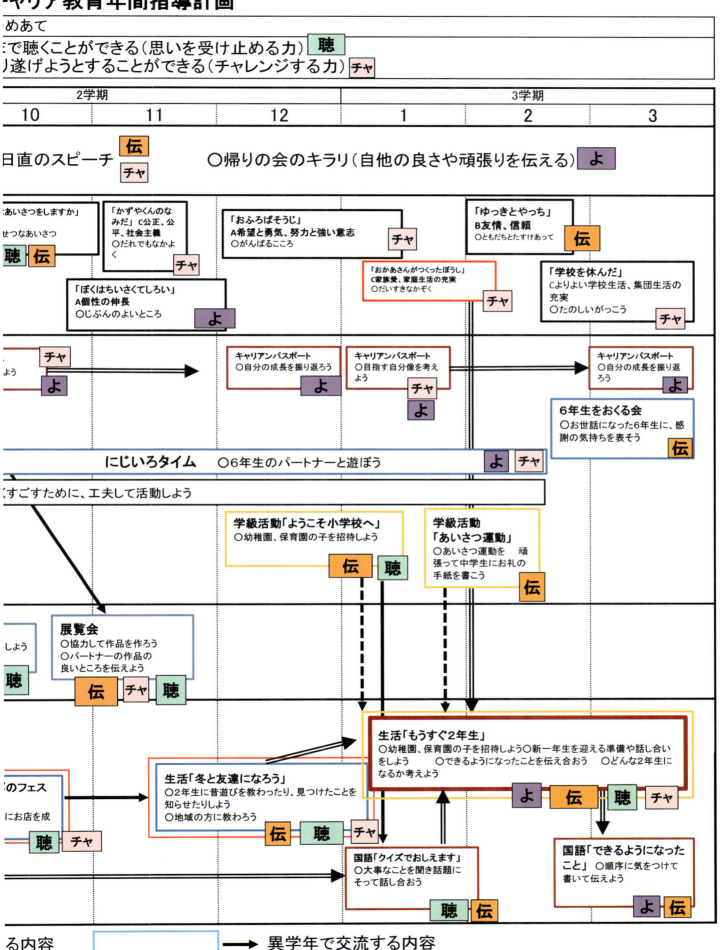

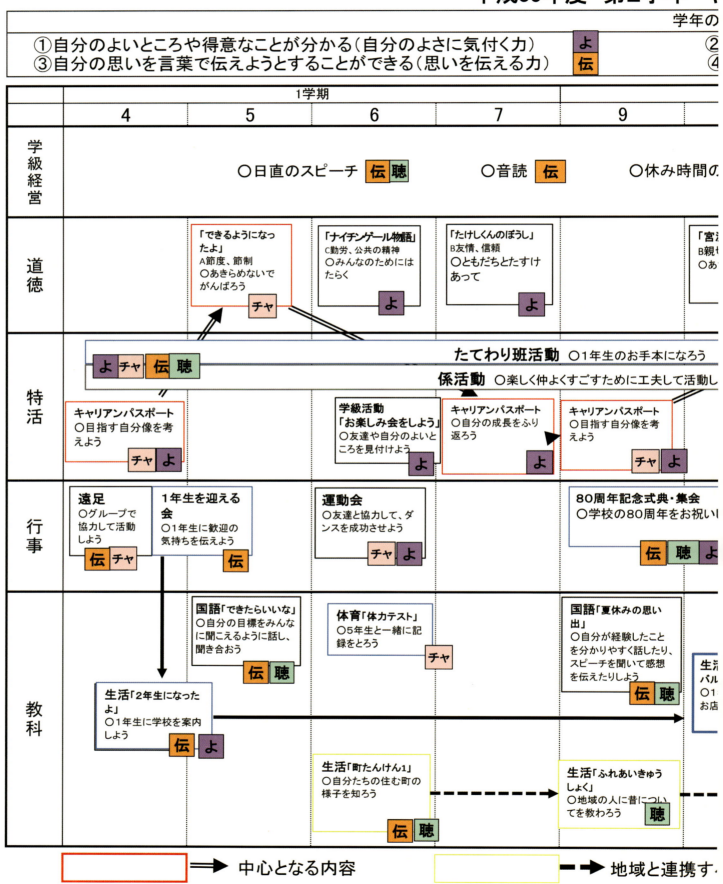

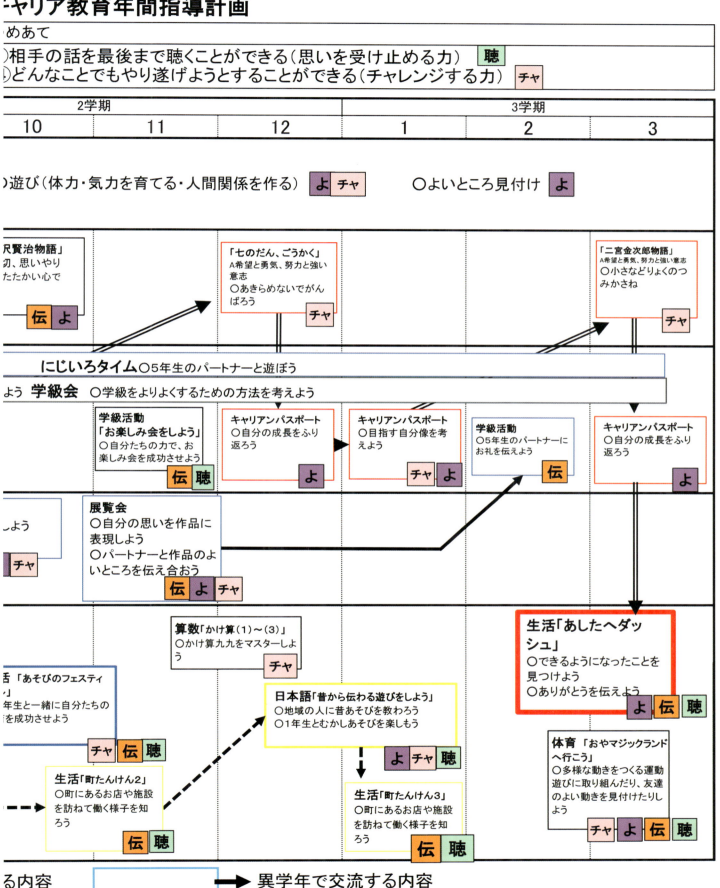

平成30年度　第3学年　キ

学年の

①自分のよさに気づくことができる（自分のよさに気付く力）　よ
③相手を見て場面に合った声の大きさで話すことができる（思いを伝える力）　伝

		1学期				
		4	5	6	7	9
学級経営		○スピーチ 伝 聴　　○音読 伝　　○休み時間の遊び（体力・気力を育てる・人間関係を作る				

道徳

「三年生は上級生？」
A善悪の判断、自律、自由と責任
○よいことは思い切って
伝

「ふろしき」
C伝統と文化の尊重、国や郷土を愛する態度
○守りたい日本の文化
よ

「足りない気持ちは何だろう」
B礼儀
○おたがいに気持ちよく
聴 伝

「いっ
う」
B感謝
○つた

特活

キャリアンパスポート
○目指す自分像を考えよう
よ チャ

キャリアンパスポート
○自分の成長を振り返ろう
よ

キャリアンパスポート
○目指す自分像を考えよう
よ チャ

学級活動「お楽しみ会をしよう①」
○自分たちで企画し、お楽しみ会を成功させよう
チャ 伝

交流給食
○4年生と一緒に給食を食べよう
チャ

たてわり班活動　○異学年の人たちと交流しよ

係活動　○クラスが

行事

運動会
○4年生と一緒に踊りに挑戦しよう
チャ

80周年記念式典
○学校の80周年を祝い、愛校心を深

社会科見学
○昔の生活を調・
○私たちの生活と他
のつながりを調べよ

教科

国語 「声を合わせて楽しく読もう」
○グループで工夫して音読することを楽しもう
伝 聴

国語 「うさぎのさいばん」
○場面の様子がよくわかるように会話に気をつけながら

国語 「様子や気持ちが伝うに読もう」
○グループで工夫して相手るように音読しよう

体育 「体力テスト」
○4年生と一緒に記録をとろう

社会 「町たんけん」
○わたしたちの住む地域を知ろう
・地域の方にインタビューしよう
伝 聴

社会 「町の人びとのしご
○お店で働く人の工夫や努
・商店で働く方にインタビュ

総合的な学習の時間

商店がいを調べよう
○尾山台商店街の秘密を探ろ
○尾山台で働く人の思いを感
伝 聴 チャ

□□□ ⟹ 中心となる内容　　　---▶ 地域と連携す

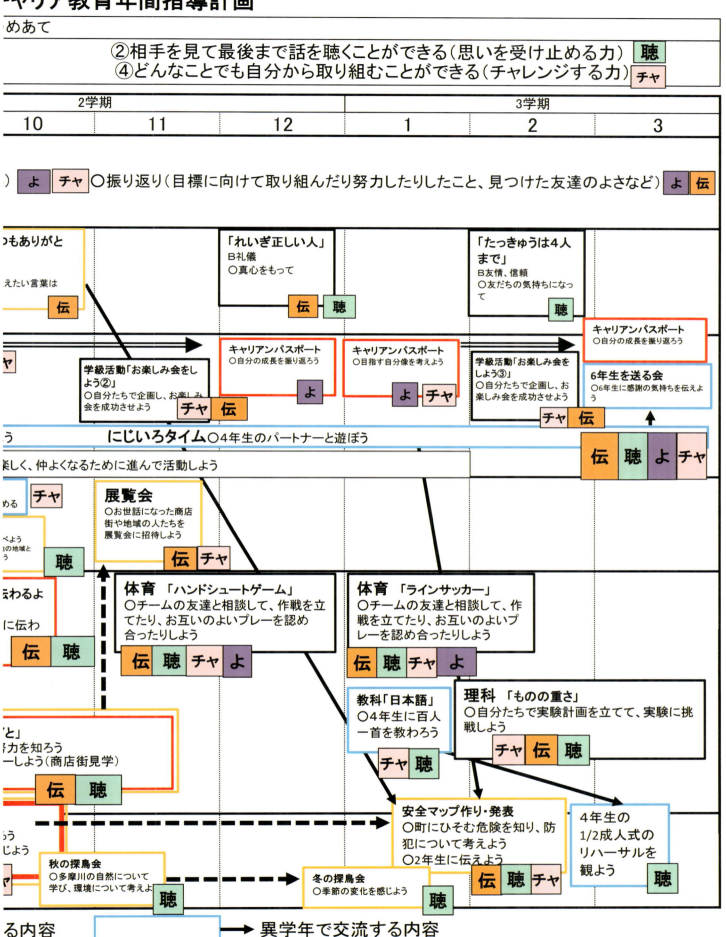

平成30年度　第4学年 ：

学年

①自分のよさに気づくことができる（自分のよさに気付く力）
③相手を見て場面に合った声の大きさで話すことができる（思いを伝える）

	1学期				
	4	5	6	7	9

学級経営

○日直スピーチ 〔聴〕〔伝〕　　○音読 〔伝〕
○休み時間の遊び（体力・気力を育てる・人間関係を作る）〔よ〕

道徳

「目覚まし時計」
A節度、節制
○節度のある生活
〔チャ〕

「ちこく」
B相互理解、寛容
○相手のことを考えて
〔伝〕〔聴〕

「つくればいいでしょ」
A個性の伸長
○長所をのばす
〔よ〕

「心と心のあくしゅ」
B親切、思いや〔り〕
○ほんとうの親〔切〕
〔伝〕

特別活動

クラブ活動 ○他の学年の仲間と楽しく活動しよう　　にじいろタイム ○3年
係活動 ○クラスのために工夫

「クラス開きをしよう」
○4年生として目標を設定しよう。
〔チャ〕

キャリアンパスポート
○目指す自分像を考えよう
〔よ〕〔チャ〕　→　キャリアンパスポート ○自分の成長を振り返ろう 〔よ〕　→　キャリアンパスポート ○目指す自分像を考えよう 〔よ〕〔チャ〕

交〔流〕
○〔　〕
め〔　〕

行事

運動会
○3年生に踊りを教えよう
〔チャ〕

80周年記念集会・式典
○学校の80周年をお祝いしよう

展覧会
○思いを込めて作った作〔品〕
○けやき学級の友達と作〔品〕
〔よ〕

教科

体育
「体力テスト」
○3年生と一緒に
記録をとろう

国語 「白いぼうし」
○様子を思いうかべながら
音読しよう
〔伝〕〔聴〕〔チャ〕　→　国語　落語「じゅげむ」
○全体やグループで落語を
発表しよう
〔伝〕〔聴〕〔チャ〕　→　教科「日本語」
「衣食住について調べよう」
○調べてまとめたことを発〔表〕
○ゲストティーチャーにイン〔タビュー〕
しよう
〔伝〕〔聴〕

総合的な学習の時間

けやき学級の友達と遊ぼう
○けやき学級の友達との交流

オリンピック・パラリンピックについて調べよう
○オリンピック・パラリンピックを通じて、各国について調べよう。
○自分で立てた課題について調べ学習をしよう。
〔伝〕〔チャ〕

バリアフリー・ユニ〔　〕
について考えよう
○誰もが住みやす〔い〕
調べ発表しよう

□ ⟶ 中心となる内容　　　　□ ⤏ 地域と連携す〔る〕

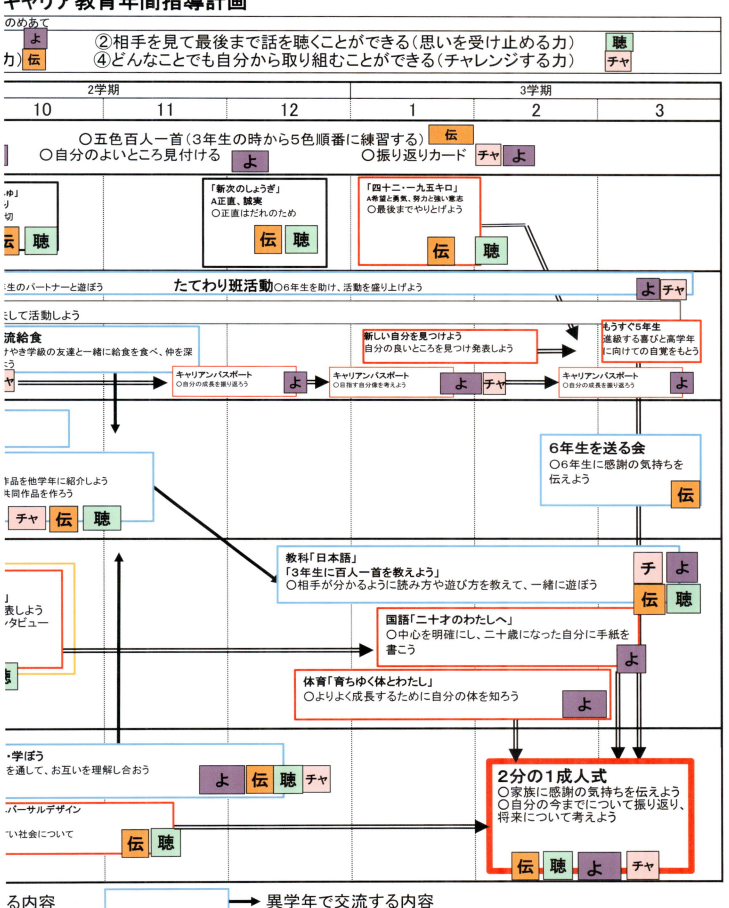

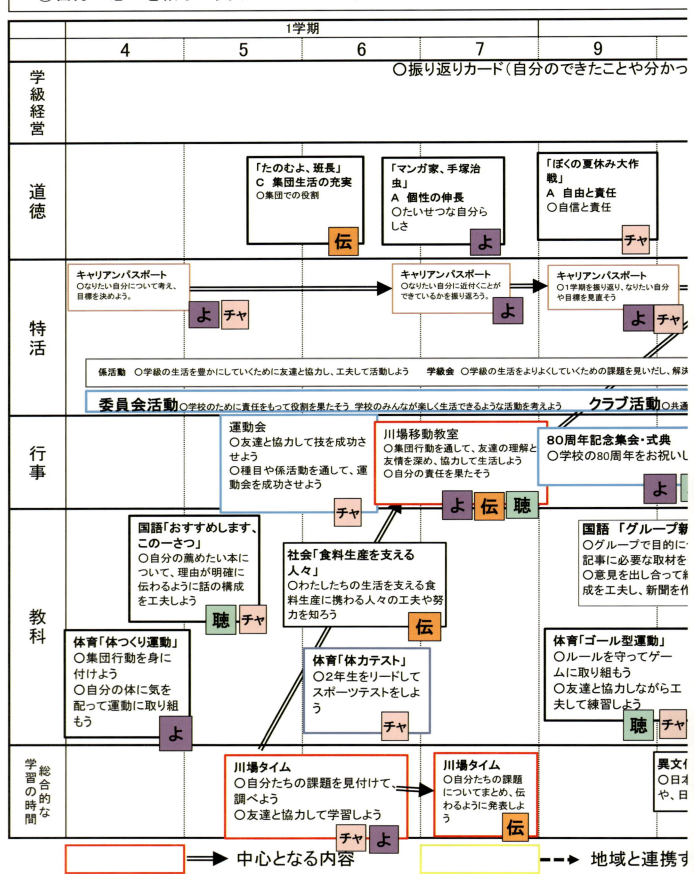

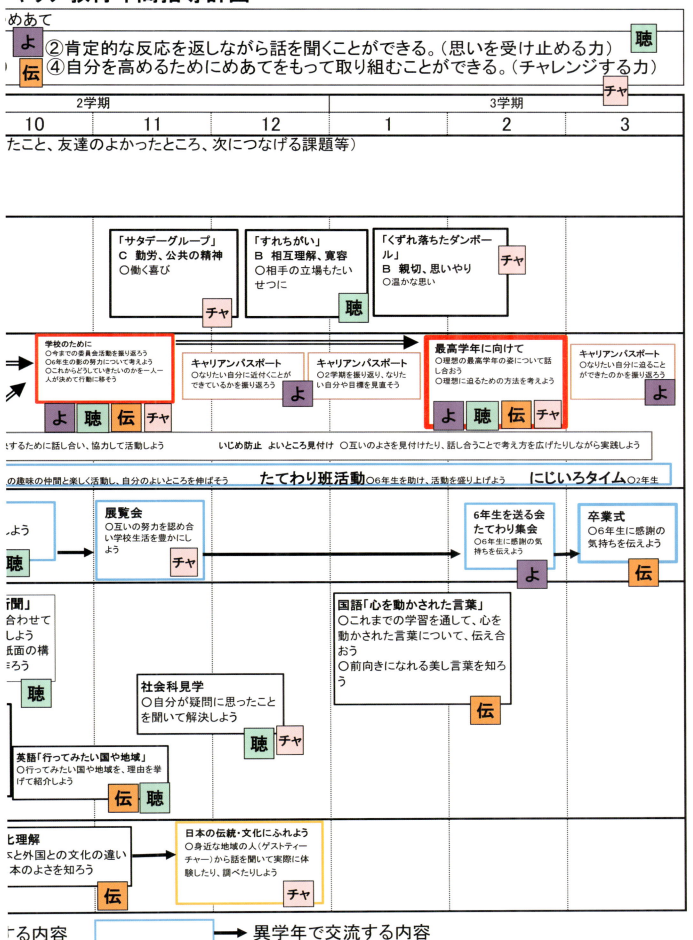

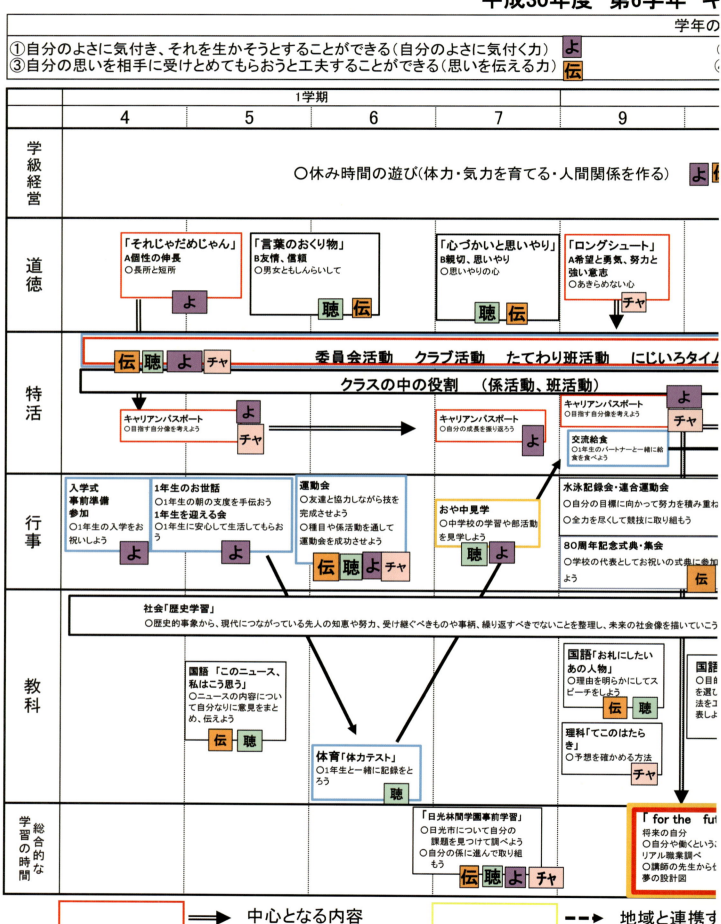

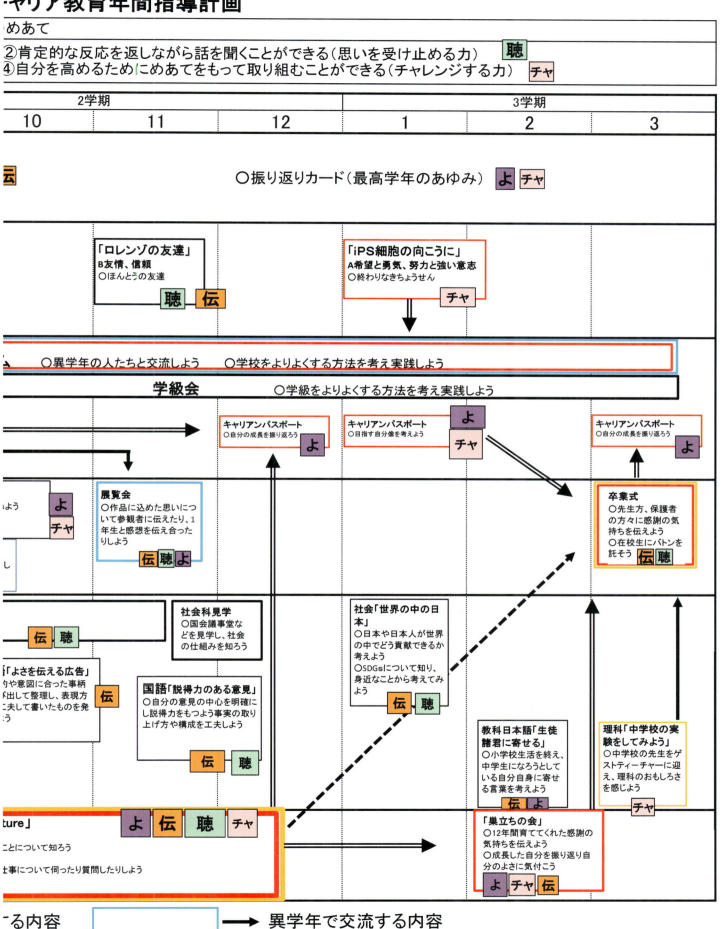

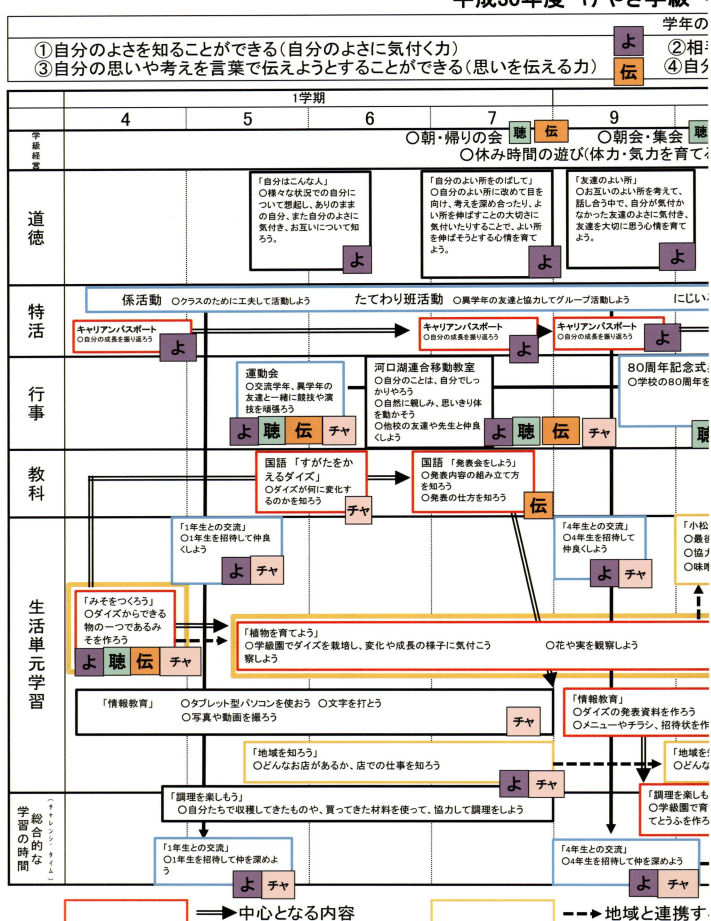

キャリア教育年間指導計画

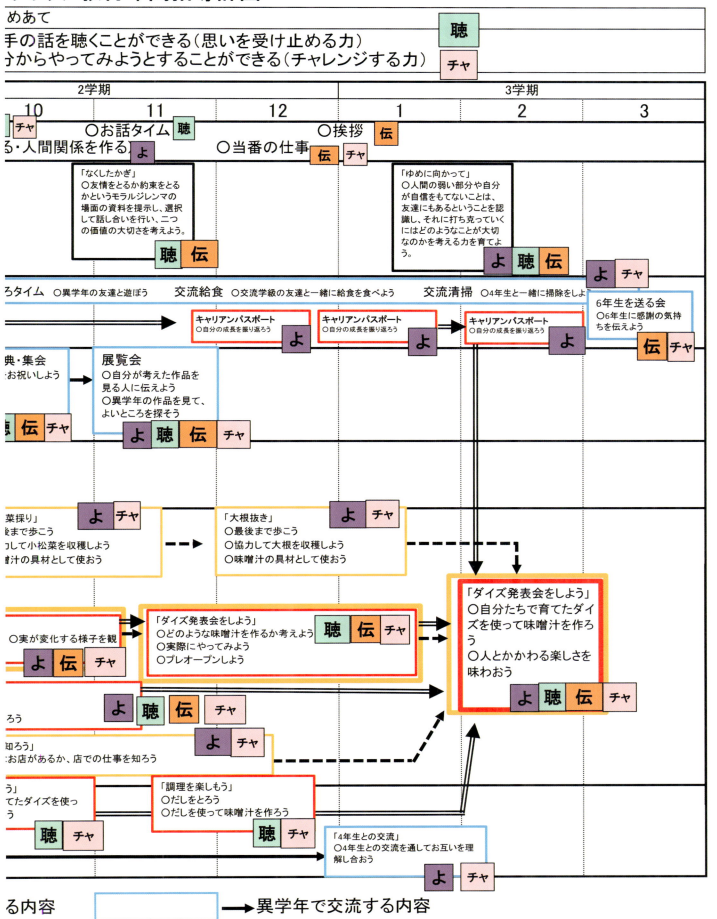

②年間指導計画を価値あるものにするために

　作成の段階から、年間指導計画を価値あるものにしようと考えました。教職員が、行事で身に付けさせたい力を確認したり、進捗状況を把握したりするときに使用するとともに、行事を楽しみにしている子どもたちにもわかるように作成しました。

年間指導計画を価値あるものにするために

- 必然性のある（使用できる）年間指導計画
  なぜ作成するのか。本当に必要なのか。
- 全員で作成
  作成する時間の確保
- 常に掲示して使用
  本当に使える指導計画
  保護者が見てわかるもの
- 1年間で見直し→改善
  常に使用→　作ってよかった！

年間指導計画の簡単な作り方
負担感を感じずに作成→本当に使える

1. PC上で作成（Excel等で）
2. 拡大機で模造紙大に拡大
3. マジックで線に色を付ける
4. マークは色画用紙を切って貼ってもOK
5. 終わった行事（昨年のものも可）から写真を貼ると分かりやすい

　作成した初年度は、前年度の例がなく、試行錯誤をしたため、多少の時間はかかりましたが、毎年更新しているうちに、それほど時間がかからず作成できるようになりました。

　ポイントは、負担なく、効率よくそして本当に使えるものを作成することです。

　まわりに行事の写真を貼ることで、１年の流れをイメージしやすくなります。

（3）　学年掲示板の活用

年間指導計画を作成し掲示しておくことで、様々な効果がありました。

子どもたちは、よく年間指導計画を見て、楽しみにしている行事が何月にあるのかを確認しています。高学年になるとその行事の前にどのような学習があるのかも考えている様子が伺えました。

作成してしばらくすると、教員から、6年生の年間指導計画が中学校へはどのようにつながっていくのか、6年生で考えた「自分の生き方」が中学校でどのように実践されるのか等の疑問が出るようになりました。

今後、中学校とも、年間指導計画をもとに話し合い連携する必要を感じています。

　各学年の教室の近くにある掲示板に「キャリア教育年間指導計画」を掲示したことにより、各単元の意義や単元間・単元と行事のつながりを子どもたちが意識できるようになったことは前述の通りです。

　これは、学校を訪れた保護者にとっても有用な掲示でした。

　以下は、学校公開時の、保護者のアンケート用紙からの抜粋です。

> 　学校の1年間がどのような計画で成り立っているのかがよくわかりました。子どもが楽しみにしている川場移動教室は、昨年4年生の時にその時の5年生に教えてもらったことを基に自分たちで調べて、そして本番である初めての宿泊行事を迎えることがわかりました。このような計画の中で子どもたちは見通しをもって勉強を進めていくのですね。（5年保護者）

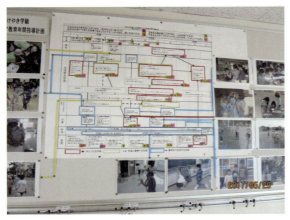
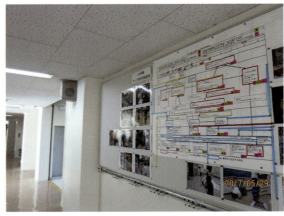

> キャリア教育に重点的に取り組む単元の写真も一緒に掲示することで、学習を振り返りやすくなり、単元同士のつながりをより一層感じられるようにしました。

　平成30年度はキャリア教育年間指導計画を作成して４年目になり、少しずつ改善されてきました。平成30年度は、「道徳」「特別活動」を中心に取り組んでいるので、道徳と特別活動を教科、領域の一番に上に出し、その年に取り組んでいることが分かるように工夫を加えています。

教科横断的な視点で学習内容を配列した例

　カリキュラム・マネジメントの実現には、教科横断的な視点で目標達成に必要な教育の内容を効果的、組織的に配列していくことが必要です。その例を以下に挙げてみます。

目指す姿をイメージして　～二分の一成人式を軸とした教科横断的学習～

研究推進委員　　菅野　弥沙

（1）　今あるものを整理し、核となるものを考える

　4月に、子どもたちに身に付けさせたい力や教員の願いをもとに、年間指導計画の見直しをしました。これは、全学年年度当初に行います。

　本校の学校目標や、キャリア目標、そして学年として特に重点を置きたい目標をもとに、それを達成するために必要な活動を考えます。核となるものを決めたら、そこにつながる活動を考えました。教科と教科だけでなく、行事と行事もつながりやねらいが明確になると、子どもたちは、それぞれの活動に自分事としてかかわることができます。注目したのは「にじいろタイム」、「運動会」、「周年行事」、「二分の一成人式」です。そして目標を達成するために核となる活動は「二分の一成人式」にしたいと考えました。

（2）　何のために──ねらいをはっきりとさせた内容に──

　特別な行事があると、いつの間にかそれを行うことが目的にすり替わり、本来のねらいが見失われてしまうことがあります。この行事は「何のために」行うか、それによって子どもたちを「どんな姿」に近づけたいか。これは、教科に関わらず考えなくてはいけません。

　子どもたちの課題をもとに、学年で話し合い、身に付けさせたい力は
　　・見通しをもつ
　　・けじめをつける
　　・思いやりをもつ
　　・前向きに取り組む
と考えました。

そして、5年生になるまでに「高学年に向けての目標や自分が高学年になるという自覚をもてること」も大事にしたいと考えました。

　この「身に付けさせたい力」や「このような姿にしたい」ということがイメージできると年間指導計画が立てやすくなります。

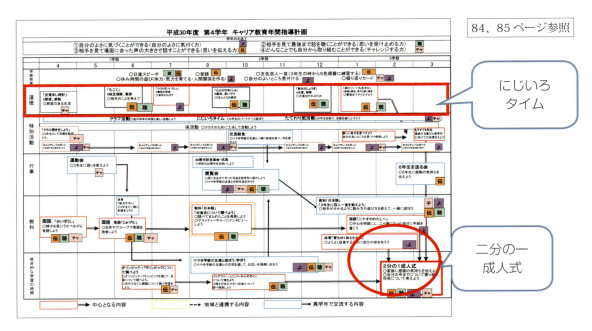

（3）異学年交流を活用する──休み時間の関わり「にじいろタイム」──

　本校は3年生と4年生が「きょうだい学年」となり、休み時間に遊ぶ「にじいろタイム」があります。この関わりが、高学年に向けての自覚をもつことにつながると考えました。この活動を通して、子どもたちに「下学年をリードする力」「下学年の手本となろうと努力する姿勢」を養うことがねらいです。

　まずは、4月に行う、にじいろタイムの初回が大事だと考えました。

　この初回の前に、前年度の活動を振り返り、昨年自分が3年生の時は、「どんな時に楽しいと感じたか」今の3年生は、「どう接してもらえたら嬉しいか」を考えさせました。そして、そのために気を付けることは何か考えさせました。

　そのうえで、「にじいろタイムの約束」で遊ぶときに大切な心構えを教員から伝えました。

　以下は、前年度に子どもたちの課題や成果の声をもとに作成したにじいろタイムの「ガイドライン」です。

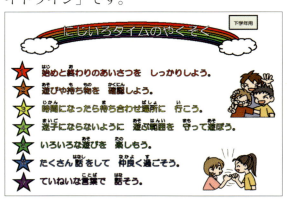
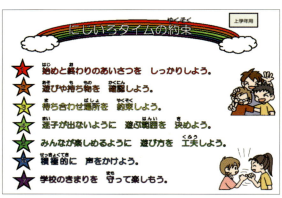

　子どもたちからはこの活動を通して「3年生ともっと仲良くなりたい」、「上学年だから、3年生の意見を尊重して遊びを決めたい」、「3年生をリードできるようになりたい」という声が上がりました。

①国語「ふせん紙をつかって考えよう」

　子どもたちの思いをもとに、初回にどんな活動ができるとよいか学年で話し合いました。その時に注目したのが国語の単元「ふせん紙をつかって考えよう」です。
　この学習は、「地域の方たちへ学校を案内したい順番や説明を考える」ことがねらいです。

　これをもとに、にじいろタイムの初回で、4年生が3年生に学校を紹介するという形にしてはどうかと考えました。
　導入においては、3年生に学校を紹介することをねらいとしました。「もうすでに学校のことを知っている3年生だけれど、1年先輩の君たちしか知らないこともたくさんある。これを知っていると学校が楽しくなる。もっと勉強したくなる。そんな紹介ができるといいね。」と教員から話しました。

国語「ふせん紙を使って整理しよう」		
1	導入	★3年生に学校案内をすることを伝える。 ★目標を確認する。 〈子どもたちから出たこと〉 ・もっと学校のことを知ってもらいたい。 ・3年生のまだ知らないことを教えたい。 ・学校をもっと好きになってほしい。 ・4年生ってすごいと思われたい。 ・丁寧に優しく伝えたい。
	展開	★案内する場所を付箋紙で整理する。（回る経路を考え順番を並びかえる。） ★説明を書き加える。
	まとめ	★次回練習をすることを伝える。
2	導入	★目標を再確認する。
	展開①	★たてわり班のグループ内で説明を読み合い、より分かりやすい説明や、付け足しを行う。
	展開②	★教室に子どもたちが挙げた部屋の名前を貼り、教室内を学校内に見立て、練習をする。 ※たてわり班で周り、説明をする児童以外は3年役をし、質問や反応をする。
	まとめ	★本時の学習をふり返り、にじいろタイムへの意欲をもつ。

	にじいろタイム
事前	★パートナー名を確認する。 ★にじいろタイムの約束を確認する。 ★留意点を確認する。 ★初回の流れやめあてを確認する。 ※3年生も同じように事前指導をする。その時に学校案内を4年がすることを伝え、もし知っていることでもしっかり聞くことを確認する。
にじいろタイム	★3年の教室へ行き、パートナーと顔合わせをする。 ★自己紹介をする。 ★学校案内をする。 ★時間になったら終わりにする。 ★次回からの集合場所や、次回の遊びや持ち物を確認する。
次回以降	★待ち合わせ場所で待ち合わせする。 ★遊ぶ内容や遊ぶ場所を確認し、遊ぶ。 ★次回の遊びや持ち物を確認する。 ※同じ遊びばかりにならないように工夫する。

〈成果〉
◎相手意識や活動の意欲をもって取り組むことができた。
◎グループでよりよい伝え方はないか相談し合う姿が見られた。
◎3年生と4年生が初回のにじいろタイムで自然と会話ができた。
◎3年生は学校にさらに詳しくなったり、優しくしてもらえたりしたと喜んでいた。

②運動会でさらに生かす

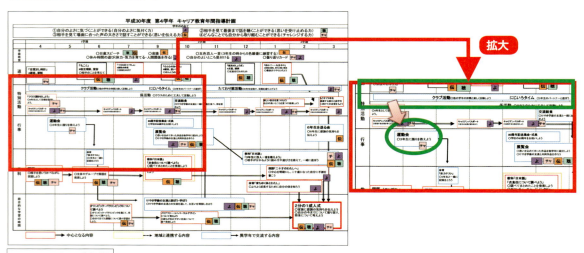

84、85ページ参照

国語やにじいろタイムで始まった異学年交流を運動会でさらに生かそうと考えました。
本校は運動会の表現種目を中学年、高学年は合同で行っています。そこで、以下のようなめあてや進め方を考えました。

4年生
◎3年生の手本となりリードしながら、表現を楽しむ。
3年生
◎4年生に憧れを抱き、交流を楽しみながら表現をする。

〈進め方〉
★4年が踊りを覚える→3年に教える→4年が踊りを覚える→3年に教えるというローテーションで練習を組み立てる。
★隊列も3年、4年が交互になるようにし、4年が踊りの手本や、移動のリードをできるようにする。
★創作ダンスはテーマや創作の具体例を提示し、4年が考え、3年に教える時間を設ける。
★運動会カードにめあてや振り返りを記入し、毎回の練習を振り返り、次回に生かせるようにする。

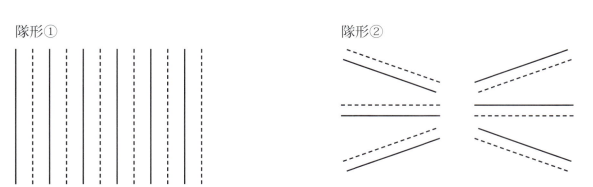

隊形①　　　　　　　　　　　　隊形②

3、4年で交互に1列ずつ並ぶ。

隊形③　3、4年が交互に並び円を描く。

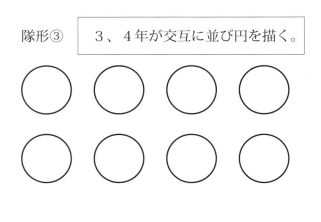

〈こ成果〉
◎休み時間に自然と3年、4年、けやきが集まり自主練習をするようになった。
◎4年が上学年として踊りを考えたり教えたりし、リーダー学年の意識が芽生えた。
◎3年が4年に憧れや親しみを抱いた。

（4）周年行事を生かす

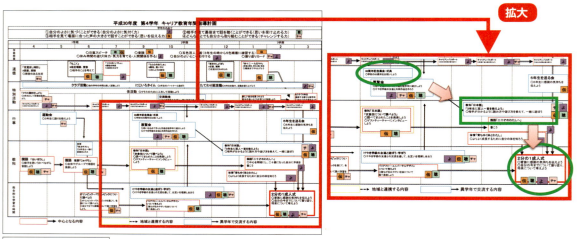

84、85ページ参照

　平成30年度は尾山台小学校の80周年という大きな行事があり、学校で決めた中学年のメインテーマである「高学年に向けての希望や喜び」をもとに発表を行いました。このテーマは4年生の子どもたちの願いと合致しており、キャリア教育の4年生の核に関連するものです。そのため、この活動はぜひ子どもたちの意欲を高めるために活用したいと考えました。
　テーマが実態や目指す姿に合っていると、活動はぐんと意味のあるものになります。

発表を行うにあたって、大きく分けて3つの項目で発表することにしました。
　① 自分たちのもつ高学年のイメージ
　② 高学年のよさ
　③ 自分たちの目指す姿

②については、本校のキャリア目標と子どもたちのアンケート結果をもとに、
　・責任感がある
　・やさしい
　・分かりやすく伝える
　・一生懸命
という4つの項目で分けました。

そして、クラスを
　1　自分たちのもつイメージ
　2　責任感がある高学年
　3　やさしい高学年
　4　分かりやすく伝える高学年
　5　一生懸命な高学年
　6　自分たちのめざす姿
の6つのグループに分け、総合的な学習の時間で、学年の各グループごとに自分たちのテーマについてまとめる活動をしました。

グループ1、6は自分たちの書いたアンケートをもとに集計し紹介しました。
さらにグループ2～6は、掲示用にまとめるグループと記念集会で発表するグループに分かれ、それぞれ調査活動を行いました。例えば、「責任感があると感じるのはどんな時か」その具体的場面を挙げ、その時の5、6年生の姿を取材したり、実際に6年生の姿を見に行ったりしました。
実際に掲示用にまとめたものが以下の写真です。

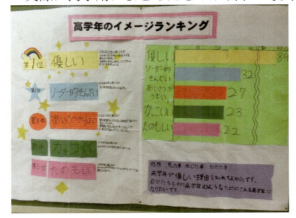

〈成果〉
◎高学年へのあこがれや尊敬の念が強まった。
◎具体的な目標をもつきっかけとなった。
◎呼びかけや劇、ランキングなど発表形態に多様な工夫が見られた。

（5）二分の一成人式

　メインとなる活動「二分の一成人式」では、成人の半分の節目であるという行事の由来に着目させ、将来に対しての希望、それに向けて根気強く努力する姿勢、支えてくれる方への感謝をもってほしいと考えました。
　メインにつながる指導計画は以下の通りです。
① 　総合「めざす高学年」
② 　学活「なりたい大人になるために」
③ 　学活「二分の一成人式の計画を立てよう」
　　　・5、6年生に二分の一成人式についてのインタビュー
　　　・20歳の卒業生へのインタビュー
　　　・二分の一成人式のテーマを決める
　　　・内容を話し合う。

④　冬休み　過去の自分調査　※２学期最後の保護者会で保護者に児童への手紙を依頼
⑤　総合「二分の一成人式をしよう」
　　グループに分かれ、準備をする
　　　※④で依頼した手紙を渡す。
⑥　国語「20歳のわたしへ」
　　20歳の自分へ手紙をかく。
⑦　まとめ
　　②で作成した「夢列車」、④の過去の自分について、⑤でもらった保護者からの手紙、
　　⑥の自分への手紙をひとつの冊子にしてキャリアン・パスポートに綴じる。

（6）　余裕をもって

　　3学期の二分の一成人式に向けて2学期から活動を始めたのは、子どもたちが創意工夫する期間を設けたかったからです。子どもたちが「こういう活動をしたい！」と考えた時に「時間がないから無理」と却下してしまわぬよう、2学期の時点でテーマ決めや計画を行うことにしました。また、冬休みを挟むことにより、小さいころの思い出の写真や品を探す活動や、保護者から児童にあてた手紙の依頼も行うことができます。子どもたちの思いやそれを実現するための時間、そして協力していただく方への依頼を考え、余裕をもって活動の開始時期を決定できるとよいでしょう。

（7）　今後

　　これから子どもたちは、二分の一成人式を終えた5、6年生や成人式を終えた20歳の卒業生へのインタビューを通して、「自分たちの行う式をどういう式にしたいか」というテーマや「どんなことをしたいか」という具体的な内容を計画していきます。そして、「なりたい大人になるために」で立てた「二分の一成人式までに目指す姿」の具体的行動目標をひとつずつクリアしていくことでしょう。

教育活動に必要な人的・物的資源を効果的に組み合わせる

カリキュラム・マネジメントの側面、「地域との連携や人的・物的資源の活用」の例として、3年生の道徳の授業を以下に挙げます。

第3学年　道徳科学習指導計画

3学年主任　　黒澤　武広

1　主題、教材

主題：伝えたい言葉は　　「感謝」
教材：いつもありがとう　（平成30年度版『小学道徳　生きる力』日本文教出版）

2　主題設定の理由
（1）　価値観

　人はひとりで生きているのではなく、多くの人たちの支えによって生かされている。周りの人たちに対する「ありがたい」と思う気持ちが、感謝の気持ちである。「感謝する」とは、相手の行為をありがたく感じ謝意を表現することである。そして、時と場に応じていつでも行動として表すことのできるものでなければならない。感謝の気持ちを行動で表すためには、自分に向けられた相手の行動や気持ちに対し「ありがたい」と思う心が大切である。その心は、その人がどのような思いで自分のために尽くしてくれるのかを十分に受け止めたときに自然にわき起こってくるものである。尾山台小学校周辺地域は、学校に協力的であり、地域の方々からの支援で様々な活動が成り立っている。特に3年生は学習活動において地域との関わりが深く、地域への感謝について深く考える必要がある。本主題では、日々の生活の中で当たり前だと思っていた周りの人々の行動や気持ちが自分を支えていたことに気付かせ、感謝の気持ちをもって接していくことの大切さを理解させたい。

（2）　児童観

　日頃の生活の中で、先生や友だちに対して、感謝の言葉を言うことができている児童は多い。褒めてあげたり、よい行為を紹介してあげたりするとそれを真似しようとする素直な児童も多い。一部、促さないと表現できない児童もいるが、言い方を教えたり、気持ちを伝えたりしてあげると言うことができる。子どもたちの性格や習慣というだけでなく、相手がしてくれたことを受け止めてさらに感謝の気持ちをもって接しようとする態度を養っていきたい。

（3） 教材観
①教材について

　本教材は、主人公「ぼく」が学校の帰り道にイライラして石を蹴ったときに、地域の名物おじいちゃんから注意を受けるが、腹を立てつっけんどんにしてしまうところから始まる。夕食時にそのことを家族に話すと、家族全員からおじいちゃんから受けたお世話の内容やおじいちゃんの思いを聞かされる。その話から、今日の自身の行動を振り返り、明日の朝元気な挨拶と一緒に伝えたい言葉がたくさん浮かんでくるというものである。

　心の中に伝えたい言葉がたくさん浮かんできたときの「ぼく」の気持ちを考えさせることにより、心の中の新たな気持ち（尊敬、感謝）の膨らみを捉えさせたい。自分の身近な地域の方の姿に目を向け、自分自身を見つめながら考えさせることのできる教材である。

②教材分析

場面	登場人物の行為をとりまく状況	登場人物の気持ち	児童の心の動き
（1）帰り道に石を蹴り、おじいちゃんに注意された場面	イライラした気持ちを抑えられず、マナーを守れていない。	・うるさいなあ。 ・声をかけないで欲しい。	・イライラしているときに注意されたらたしかにいやだな。
（2）家族みんなからおじいちゃんの話を聞く場面	家族のみんながおじいちゃんにお世話になっていたことを知る。	・おじいちゃんは家族みんなから頼りにされていたんだ。	・おじいちゃんは人のことを思って注意してくれていたんだ。
（3）自分の部屋で、明日おじいちゃんに言葉を伝えようと考える場面	家族のみんなの話を聞いて、感謝の気持ちが湧いてくる。	・おじいちゃんはいつも僕たちのことを考えてくれていてありがたい。	・自分の周りにもお礼の気持ちをもたないといけない人はいないかな。

> 本教材を通し、身近な人の行動に感謝の気持ちをもてる道徳的心情を育みたい。

3 キャリア年間指導計画における教材の取り扱い

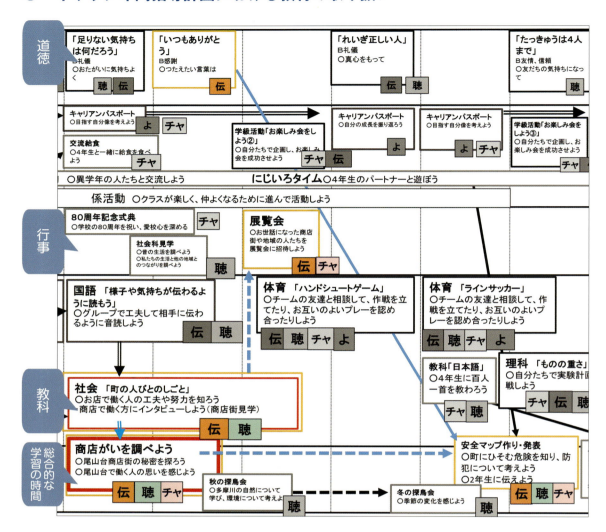

4 本時の学習
（1） 本時のねらい

　安心で安全な生活ができるのは、自分たちを見守ってくれる人たちがいるおかげであることに気付き、感謝の気持ちをもって接しようとする態度を養う。

（2） 本時の主題に迫るための指導の工夫

> ねらいに迫るための手立て

①地域人材の活用

　本年度4月より朝の登校時に子どもたちを見守ってくださっている、本校卒業生でもある地域の相川さんは子どもたちの人気者だ。学級の子どもたち全員が知る人物であり、共通の話題として考えることができる存在である。本時では実際に授業に参加していただくことで、道徳で学んだことが机上のみにとどまらず実生活につながっていることに気づかせ、他にも自分の周りには感謝しなければならない人がたくさんい

ることを考えさせたい。

②自分の言葉で語れる工夫（キャリア教育目標の伝に関連）

　実際に自分たちの生活に関わっている人物について考えることで、自分の生活や経験、自分だけがもつエピソードを結び付けて考えることができ、自分なりの感謝の言葉を考えることができる。子どもたちにそれぞれの感謝の言葉があることを伝え、素直に表現できるようにしたい。

③学年内での教材担任制

　３年生の道徳の授業では、教科担任制ならぬ教材担任制をとっている。各学級の個性や実態には違いがあり、全く同じとはいかないものの、教材研究と３度の授業実践を行うことができ、めあてへの到達度や授業力の高まりを期待している。私は本年度より生活指導主任として毎日ではないものの正門に立ち、子どもたちと相川さんのつながりを見てきた。その経験を本教材の価値にせまる手段として活用するために、本教材は私が担当している。

【３年生のキャリア教育目標】

①自分のよさに気付く力…「自分のよさに気付くことができる」 よ
②思いを受け止める力……「相手を見て最後まで話を聴くことができる」 聴
③思いを伝える力
　　　　………………「相手を見て場面に合った声の大きさで話すことができる」 伝
④チャレンジする力………「どんなことでも自分から取り組むことができる」 チャ

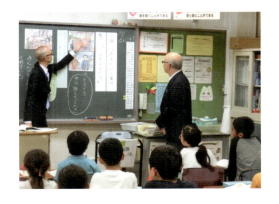

（3）　本時の展開

	学習活動	主たる発問（○）と 予想される児童の反応（・）	指導上の留意点（・） 評価（★）
導入	1　地域の方々にお世話になっていることを振り返る。	○地域の方々にお世話になっていることがありますか。 ・オオゼキの方々にスーパーを見学させてもらった。 ・相川さんが、毎朝、正門に立ってくれている。	・日頃お世話になっていることを思い出させ、本時学習の方向づけをする。
展開前段	2　教材「いつもありがとう」を読んで、話し合う。 	○家族みんなの話を聞いて、これまでのおじいちゃんの姿を思い浮かべながら、「ぼく」はどんなことを考えたのでしょう。 ・今日は、僕が悪かった。 ・僕のことや周りの人がけがをしないようにという思いをもって、注意をしてくれたんだ。 ○伝えたい言葉がたくさん浮かんできたのは、どんな気持ちが膨らんだからでしょう。 ・おじいちゃんは、いつも僕たちのことを考えてくれているので、ありがたいという気持ちを強くもった。 ・おじいちゃんは、誰からも頼りにされているから、すごい人だという気持ちになった。	先に、場面絵などを活用し、おじいちゃんの注意に対してイラついていた「ぼく」の気持ちをおさえておく。 ・おじいちゃんに対する尊敬と感謝の気持ちの膨らみを捉えさせる。
展開後段	3　自分の生活から考える。	○ゲストティーチャーの話を聞く。 	・毎朝、ボランティアで正門に立ってくださっている相川さんに登場していただき、どのような思いで朝の活動を行っているか話してもらう。

108

	学習活動	主たる発問（○）と 予想される児童の反応（・）	指導上の留意点（・） 評価（★）
		○相川さんの思いを聞いて、自分の気持ちを伝えよう。 ・毎朝、私たちが元気になるような挨拶をしてくれてありがとうございます。 ・あいさつができたことを褒めてくれてありがとうございます。 ○他にも感謝の気持ちを伝えたい人はいるでしょうか。また、どんな言葉を伝えますか。 ・お母さんに、「いつも食事を作ってくれてありがとう」と伝えたい。 ・主事さんに、「いつも学校をピカピカにしてくれてありがとうございます」と伝えたい。	・書いたワークシートを読まないで発表させる。 ★感謝の気持ちをもち、自分の言葉で伝えようとする。 （発言、ワークシート）
終末	4　今日の学習を振り返る。	○教師とゲストティーチャーの説話を聞く。	・今後の生活や学習活動でも多くの人からの支えがあることを理解させる。

（4）　事後の指導

　今後行う校外学習やゲストティーチャーによる授業の際に本授業を思い出させ、事後に行うお礼の手紙の指導に生かす。

【今後の校外学習やゲストティーチャーの授業予定】

> 10月　　商店街調べ
> 11月　　作文の書き方教室
> 1月　　探鳥会
> 　　　　消防署見学
> 　　　　地域安全マップ作り
> 2月　　そろばん教室

5　成果と課題
（1）　成果
- ゲストティーチャーの相川さんの思いを直接聞けたことで、子どもたちが自分で考え自分の言葉で相川さんに感謝の気持ちを伝えることができていた。
- 最初に相川さんのことについて考え、ワークシートに記入したことが、自分のことを見つめ直すきっかけになっていた。

（2）　今後の取組
- ゲストティーチャーとの関わりを主とするならば、教材文の扱いをもう少し削り、その分の時間を活動に回せた。
- 子どもたちが考えを交流できる場をもたせ、他人の考え方にもふれる機会を増やす。

（3）　講師の先生（町田市立町田第一小学校校長・宮島徹先生）より
- 自分の生活を振り返らせる活動を入れられたのはよかった。
- 35時間中の1時間であることを意識して、授業につながりをもたせなければならない。年間を見据えて計画することが必要。
- 道徳はスキルを育てる時間ではなく心を育てる時間だから、主題は「伝えたい言葉は」でなく、「伝えたい気持ちは」とした方がよい。
- 「礼儀」の内容項目にならないように尊敬の念を出させてから感謝につなげていきたい。

「教科を体験活動の下請けにしない」年間指導計画

長田徹 解説

キャリア教育の推進校といわれる学校に訪問させていただいたり、都道府県等のキャリア教育研修で演習させていただいたりする中で各校の年間指導計画を見せていただく機会があります。その際に気になる点が大きく2点あります。

1点目は「これって実現可能なのか」ということです。どの学年も4月から3月まで全ての教科等にわたってびっしりとキャリア教育にかかわる単元や題材が示されているのです。確かにどれもその学校が目指す、児童に身に付けさせたい力に迫る内容ではあるのですが、学校教育という有限の期間の中で実践できることには限りがあります。だからこそ、各学校においては、学校・学科や地域の特色、子どもたちの実態などに応じて、学校ごとの焦点化・重点化が求められるのです。これまでの紹介のように、尾山台小学校では「今」「この学校で」「この児童に」といった視点から、優先順位をもって年間指導計画を作成しているのです。言葉はよくないですがキャリア教育の年間指導計画には「ほどよいスカスカ感」が必要なのかもしれません。

また、キャリア教育を推進しようとすると新たな取組や象徴的な体験活動を立ち上げたくなるものですが、キャリア教育は、一人一人のキャリア発達や個としての自立を促す観点から、従来の学校教育の在り方を幅広く見直し、改善していくための理念と方向性を示すものです。まずは"今ある宝"である、既存の教育活動を生かしながら、不足する活動を補う手順を踏むことによって、「これならできる」というキャリア教育のスムーズな浸透につながるのです。

それを踏まえた上で、教科等におけるキャリア教育の視点は3点考えられます。①内容に関すること、②指導手法に関すること、③生活や学習の習慣・ルールに関することです。単元や題材等の内容が職業や社会生活等に強く関連する場合、社会的・職業的自立の基盤となる基礎的・汎用的能力を育成する視点からの指導は、当該の単元や題材等のねらいを実現するための有効な手立てともなりキャリア教育の視点からの積極的な取組が強く期待されます。例えば、小学校に限定していくつかの例を挙げれば、「伝記を読み、自分の生き方について考える(国語・第5学年及び第6学年)」「食料生産・工業生産に従事している人々の工夫や努力(社会・第5学年)」「集団や社会の一員として自分の役割や行動の仕方について考える(生活)」「自分の成長を自覚するとともに、家庭生活への関心を高め、その大切さに気付くようにする(家庭)」「働くことのよさを感じて、みんなのために働く(道徳・第1学年及び第2学年)」「ものづくり、生産活動などの体験活動(総合的な学習の時間)」「希望や目標をもって生きる態度の形成(特別活動・学級活動)」など、教科、総合的な学習の時間、特別活動を通して多様な取組が考えられます。

指導手法に関しては、他者と関わる力が未熟であるとか、計画性に乏しいなど、基礎的・汎用的能力の視点から見た児童の実態を受けて、具体的な方法を工夫することになります。例えば、話し合い活動を重視する手法、少人数のグループ活動によって明確な役割分担を行う手法など、実態に応じた多様な取組が考えられます。これについては、児童の実態と共に、それぞれの教科等の目標や特質を十分に踏まえ、全校的な協力体制の下で実践する必要があります。

また学校では、児童の実態を受けて、日常の生活や学習についての習慣を指導しているはずです。時間を守る、準備や片付けの徹底、話し方や聴き方のルールなどが大切に指導されています。これも、将来の社会的・職業的に必要な諸能力の視点で整理すれば、キャリア教育の大切な「断片」のひとつです。

図は、身に付けさせたい力やその実践が可能となる単元や台座を検討するため、既存の単元

一覧表をキャリア教育の視点から振り返り、基礎的・汎用的能力の育成に特に関連の深い単元等を特定する作業の過程を示す一例です。

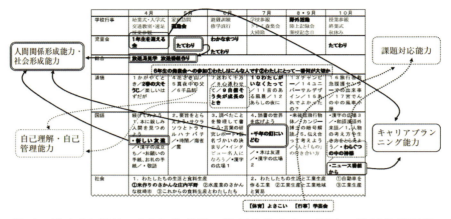

【図　単元一覧表(小学校５年)と基礎的・汎用的能力との関連の検討作業過程の一例】

２点目は「教科が体験活動の下請けになっていないか」ということです。キャリア教育では職業等に関する体験活動を大事にしています。尾山台小学校では３年生では「商店街を調べよう」、４年生では「二分の一成人式」、５年生では「学校のために、最高学年に向けて」、６年生では「My dream for the future」がこれにあたります。

児童に身に付けさせたい力に向かって、こういった体験活動は計画、実施されています。もちろん、キャリア教育は学校教育全体で行うものですから、児童に身に付けさせたい力に向かって、教科等における有効な単元や題材を洗い出すということは何度も確認しているのに起こる不思議な現象が「教科が体験活動の下請けになる」ということなのです。

尾山台小学校の年間指導計画ではこの現象はありませんが、下図をご覧ください。ある研修でキャリア教育の年間指導計画作成の演習をさせていただいた際の作品です。資質・能力に向けてと何度も確認し、決して忘れていないのに、国語で「インタビューの練習」、「レポートの書き方」、「発表の原稿作成と練習」と挙げればきりがない見事な「教科が体験活動の下請けになる」現象です。これでは、国語科の先生方は黙っていませんし、国語のねらいを逸脱しています。

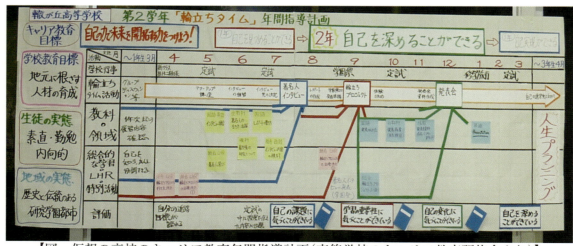

【図　仮想の高校のキャリア教育年間指導計画(高等学校のキャリア教育研修会より)】

第 **4** 章

学びのプロセスを記録し、振り返る
キャリア・パスポート

子どもたちの学び・成長を蓄積し、上級学
校へ持ち越したり、自分で振り返ったりする
ためには「キャリア・パスポート」が有効です。
第4章では、尾山台小学校版のキャリア・
パスポート「キャリアン・パスポート」の活
用について説明します。

キャリア・パスポート

○目的（ねらい）

　小学校から高等学校を通じて、児童生徒にとっては、自らの学習状況やキャリア形成を見通したり、振り返ったりして自己評価を行うとともに、主体的に学びに向かう力を育み、自己実現につなぐもの。教師にとっては、その記述をもとに対話的にかかわることによって、児童生徒の成長を促し、系統的な指導・支援に資するもの。

○定義

　キャリア・パスポートとは児童生徒が、小学校から高等学校までのキャリア教育にかかわる諸活動について、特別活動の学級活動及びホームルーム活動を中心として、各教科と往還し、自らの学習状況やキャリア形成を見通したり振り返ったりしながら自己評価できるように工夫されたポートフォリオのことである。

　なお、その記述や自己評価の指導にあたっては、教師が対話的に関わり、児童生徒一人一人の目標修正などの改善を支援し、個性を伸ばす指導へとつなげながら、学校、家庭及び地域における学びを自己のキャリア形成に生かそうとする態度を養うよう努めなければならない。

（平成28年12月21日　中央教育審議会答申より抜粋）

尾山台小学校のキャリア・パスポート

　尾山台小学校では以前よりポートフォリオとして、子どもの作品を入れて壁に貼る透明ファイルを活用してきました。

　このファイルの役割をはっきりとさせた「キャリアン・パスポート」を平成29年度より作成することにしました。子ども一人一人が自らの学習状況を把握し、自らの学習状況や成長したこと、できるようになったこと等を振り返り、さらにそれを「なりたい自分」に近付くために活用したいと考えたからです。

　振り返りには教員が対話的にかかわることで、子どもたちは自己評価を広げ、深め、時には修正することができると考えました。

　また年度末には、自宅に持ち帰り家庭と共有して、子どもたちが思い描く将来へ近付けるように支援しようと考えました。

> 【キャリアン・パスポートについて(内容ときまり)】
> ① 学びのプロセスを振り返ることができるようにすること
> ② 自己評価を行うこと
> ③ 教員が対話的にかかわること
> ④ ６年間の目標、学年の目標以外には、１学年３枚程度とすること

新学習指導要領では、特別活動の学級活動で次のように述べています。

○キャリア・パスポート

各学校が目指す資質・能力を反映するなど学校の特色を生かしたものにする。

一人一人の児童が自分の学習状況やキャリア形成を見通したり振り返ったりすることを通して、自らの良い点や進歩状況を積極的に自己評価し、学習したことの意義や価値を実感できるようにすることが大切である。その際教師が対話的にかかわることで、自己評価に関する学習活動を深めていくことが重要である。

このようなかかわりを通して、児童が学ぶことに興味をもち、自己のキャリア形成の方向性と関連付けながら見通しをもって粘り強く取り組み、自己の学習を振り返って次につなげる「主体的な学び」を実現できるように支援することが求められる。

『教育の効果』(図書文化社刊　Hattie.j (2009) Visible learning A synthesis of over 800 meta-analyses relating to achievement. London Routledge.)では、学習者要因、教師要因、学校要因、指導法要因の各要因が学力に与える効果を検討した結果が示されています。

山森光陽氏(監訳)によるとフィードバックの効果の高さが示されています。

表3によると、教師が学習者に与える影響の中で、相互的な教授とともにフィードバックの効果の高さが強調されています。その中でもとりわけ強調されているのは、「フィードバックの効果の高さ」です。

フィードバックの中でも、正答を導くための説明や解決のための方法、着眼点を示すことがさらに効果が高いことが他の調査からもわかります。

山森氏は、ある県の小学校でも調査をしています。それによると、1年間の授業の中で

表3　教師が学習者に直接的な影響を与える要因と間接的な影響を与える要因の効果

挑戦者としての教師	d
相互的な教授	0.74
フィードバック	0.72
考えの表明、積極的な伝言伝達	0.67
メタ認知的ストラテジー	0.67
直接的な指導	0.59
挑戦する目標	0.56
達成テストの定期的実施	0.46
態度目標	0.41
平均的な効果の高さ	0.60

Hattie　2009より作図

① 達成目標を知らせる

② 達成目標に対する現在の状況を知らせる

このことに効果が高いことが分かっています。また、フィードバックしないことの影響に対しても、効果測定がされています。それによるとフィードバックしないことで、誤りがそのまま定着してしまうことの危険性も述べられています。

尾山台小学校の「キャリアン・パスポート」

　尾山台小学校では、平成29年２学期よりキャリア・パスポートの活用を始めました。先行事例が多くはなかったため、講師の先生方から教えていただいたことをもとに本校独自の形で始めました。

　ファイルに綴じる形の中でも、作品に穴をあけて綴じるものではなく、ポケットに入れる形にしました。市販のもので透明な20ポケットのファイルが見つかり、一学年につき３ポケットに入れれば、６年間使用することができると考えこのファイルに決定しました。透明なポケットなので裏表に入れ、３ポケットで６枚分を入れることができます。

　この形のパスポートを作成して、思わぬよさが見つかりました。１年間で３ポケットとしましたが、１ポケットの中に何枚も入れて保管することができるので、悩んだ時にはとりあえず入れておき、最終的に子どもたちが判断して３枚程度にすればよいと考えました。

　また本校にはキャリア教育のマスコット「キャリアン」がいるため、キャリア・パスポートの名前は「キャリアン・パスポート」としました。

（1）　キャリアン・パスポート

【キャリアン・パスポートの目的】
　子どもたちに自分の頑張りと成長を記録させ、子どもたち自身が過去の自分と向き合い、将来の自分を思い描ける一助とする。

【キャリアン・パスポートの活用について】
・特別活動（学活）の時間を年間３〜５時間ほど使って、記録と自己評価を行う。
・３月の中旬に振り返りを書かせ、担任がコメントを書いたあとに家に持ち帰らせ、保護者からのコメントを書いてもらう。
・回収して学校で保管し、4月に次の学年の担任に渡す。

【キャリアン・パスポートの留意点】
・教師が対話的にかかわり、自己評価に対する学習活動を深めることができるようにする。（ポジティブな記録を見返すことで自己肯定感が高まる。ネガティブな記録をそのままにしない。）

【具体的な形式】
○ファイル
　Ａ４クリアファイルに入れる。
○綴じる内容
　・「めざす自分」シート（学年ごとのめざす姿、めざす姿に向けて取り組むこと、そ

の振り返り）
・運動会、学芸会、展覧会の振り返り
・2年生は生活科「あしたへダッシュ」、4年生は「二分の一成人式」、6年生は「リアル職業調べ」で、それぞれ作成したもの
・その他、学年で話し合って綴じるものを決める。※1学年3ポケット使用する。

○保管
　6年間学校で保管。ただし、学年末に一度持ち帰らせ、保護者に見せ、コメントを記入してもらう。

①全校共通部分

表　紙

リード文

117

1ページ目 6年間の「めざす自分」

> 1年間の目標をここに記入して、6年間をまとめます。1年生の時には幼い字だったものが変化し、目標もどんどん成長していきます。低学年の時の目標は自分のことが中心でしたが、学級のこと、学校のことと広がっていきます。

②学年別シート：「めざす自分」シート（2ページ目）

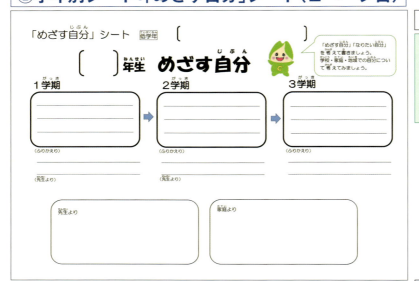

低学年用

> 低学年は、1年間の目標を決めるのは難しいと考え、年間目標のない形にしています。

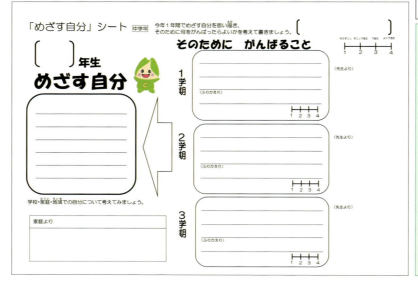

中学年用

> 改良を重ねて、中・高学年は、この形に落ち着いています。四角の角が取れて丸くなっていますが、初めは四角で書くところがたくさんありました。段の間隔を工夫して、1段でも2段にも書けるようにしました。「先生より」の部分も枠を作らず、書く量を調整できるようにしました。

高学年用

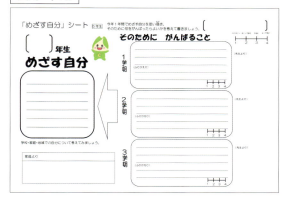

③学年別シート：その他のファイリング

　綴じる内容は、学校の大きな行事である運動会、学芸会、展覧会の振り返り等としています。

　また、2年生は生活科「あしたへダッシュ」、4年生は「二分の一成人式」、6年生は「リアル職業調べ」で、それぞれ作成したものを学校として入れることと決めています。それ以外の1・3・5年生については、その年の大きな取組の振り返りを、担任間で話し合って決めます。

　ただし、1学年につき3ポケットだけを使用することは決めています。残すものを決められないうちはそのままポケットに入れて保管し、最終的には子どもに選択させることにしています。

④その他：「中学校でめざす自分」シート

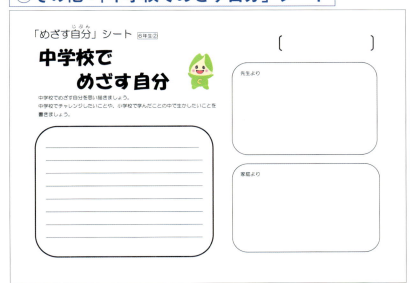

6年生用

　6年生にだけは、特別のシートを用意してあります。「中学校でめざす自分」を書き込むシートです。キャリア・パスポートは、小学校だけのものではありません。中学校への円滑な接続のために、卒業間近の6年生はこのシートに記入することとしています。

（2）キャリアン・パスポート活用例

学年別シート：「めざす自分」シート

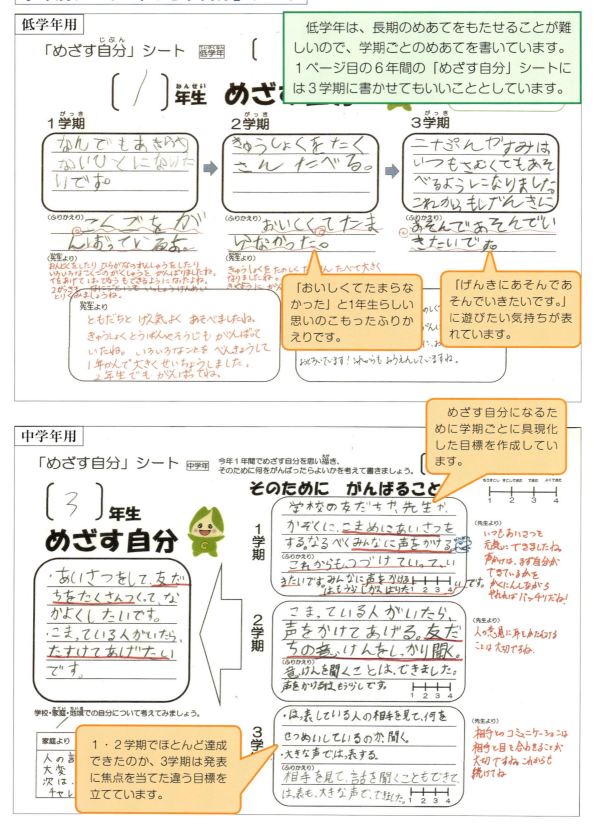

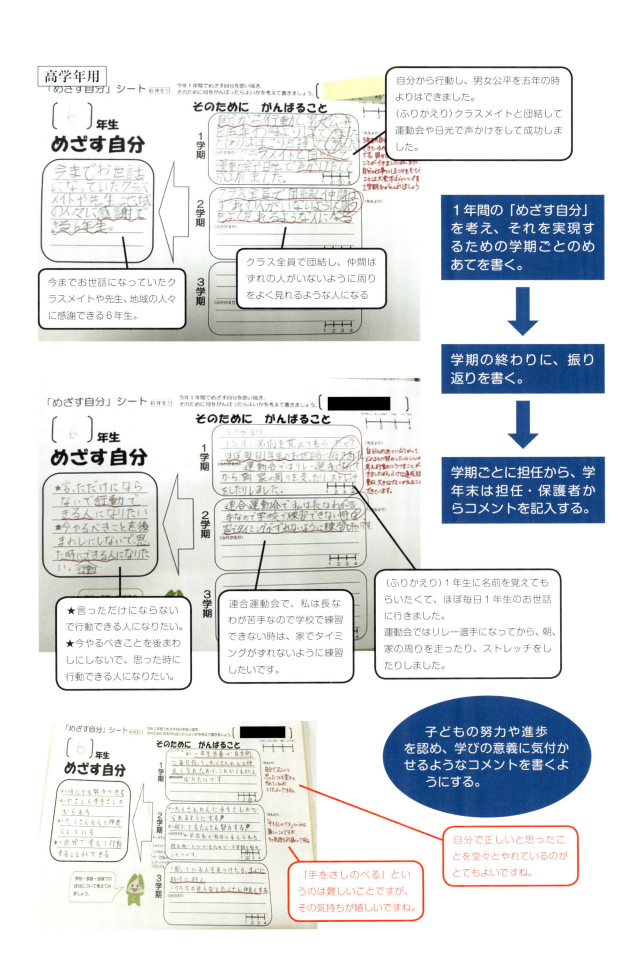

学年別シート：その他のファイリング

★運動会・学芸会・展覧会等、大きな行事の振り返り
★各学年で取り組んだ学習の成果が分かるもの2～3つ
　2年生は生活科「あしたへダッシュ」、4年生は「二分の一成人式」、6年生は「リアル職業調べ」で、それぞれ作成したもの

学芸会の振り返り

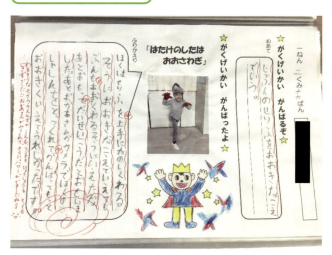

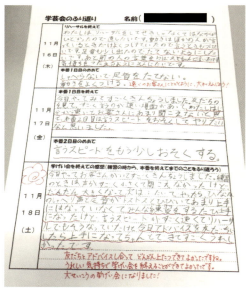

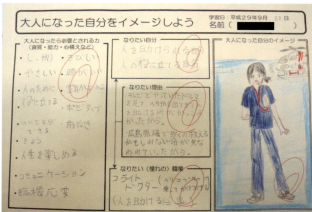

6年　総合「For the future」
　　（リアル職業調べ）
　　ワークシートの一部

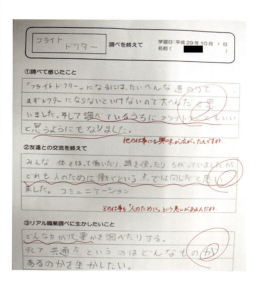

6年生のリアル職業調べは、尾山台小学校のキャリア教育の集大成として位置付けています。6年間学び、具体的な自分の「生き方」まで考えられるようにするのがねらいです。具体的に考えられなくても、中学生の自分をイメージすることができれば、それでもいいと考えています。子どもたちに、その子らしさを発揮し、自分らしく学び続けてほしいと願っています。

　キャリアン・パスポートを始めた年には、学校だよりにも保護者の方の協力を得るために巻頭言に紹介を書きました。

運動会の振り返り

　平成30年度にはキャリアン・パスポートを始めて2年が経過し、学年用の「めざす自分」シートが3枚目になりました。子どもたちが書いた目標を見てみると、

3年生　「お母さんやお父さんのしごとのてつだいをする。ちいきの人にあいさつする。」

4年生　「低学年にやさしくする。ちいきの人にもやさしくできるようにする。みんなにあいさつをする。」

5年生　「高学年として学校のみんなのためになるように手助けなどを積極的にできるようにする。」

と、3年生では自分の身の回りのこと、4年生では低学年にやさしくする、5年生になり高学年として学校のみんなのためになるようにと視野の広がりを感じます。

　子どもたち自身も過去の自分を振り返り、自分の成長を感じ、これからの目標を未来につないでほしいと思っています。

　私たち教員も、キャリア・パスポートを実践してたくさんの気づきや発見を得ることができました。

6年間のめざす自分

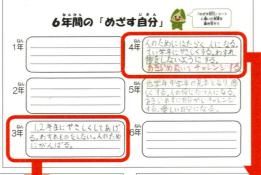

（先生より）まわりの人にしんせつにして、いつもえがおでがんばれましたね。低学年にもやさしくできてよかったです。人にやさしくできる人は強い人なのです。

6年間のめざす自分を書き込むシートです。小学生の段階では、1年先、3年先等を書き込むことが難しいかと考え、現在は、「めざす自分」に書いたものを写しています。

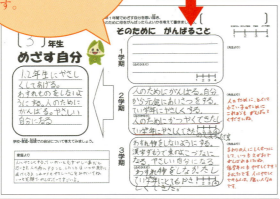
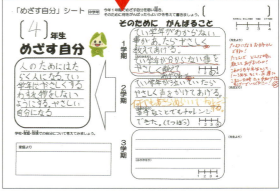

【めざす自分】
　1・2年生にやさしくしてあげる。わすれものをしないようにする。人のためにがんばる。やさしい自分になる。

【2学期】
　人のためにがんばる。自分から元気にあいさつする。低学年にやさしくする。
（ふりかえり）
人のためにかつやくできたし、てい学年にやさしくできたので、よかったです。

【3学期】
　わすれ物をしないようにする。漢字ずもうで東のよこづなになる。やさしい自分になる。
（ふりかえり）
　わすれ物をしなかったし、てい学年にとてもやさしくできた。

【めざす自分】
　人のためにはたらく人になる。てい学年にやさしくする。わすれ物をしないようにする。やさしい自分になる。

【1学期】
　てい学年がわからない事があったら、やさしく教えてあげる。
（ふりかえり）
てい学年が分からない事をやさしく教えてあげられた。

【2学期】
　てい学年が泣いていたらやさしく声をかけてあげる。なんでもあきらめないでチャレンジする。
（ふりかえり）
　苦手なことでもチャレンジできた（てつぼう）

（家庭より）
人にやさしくするっていがいとむずかしい事だと思います。人の為にすること、したことはいつか自分に返ってくるよ。これからもやさしい心をみがいてね。いつも笑顔でがんばっていてすごいよ。

Hさんは、「人のために」「てい学年にやさしくする」「やさしい自分になる」を2年間の目標にしています。もともとやさしいHさんですが、意識することでさらに目標が定まり、磨きがかかっています。「てい学年にやさしく」は4年生になり高学年を意識し、学校をよくしていこうとする意欲を感じます。

124

（3）　キャリア・カウンセリング

　子どもたちは、キャリアン・パスポートや日々の振り返りで自己評価を行っています。しかし、自己評価だけでは、全ての子どもたちが自己を十分に評価できるとは限りません。

　友達からの評価は、気付きをもたらす大切なものになります。特に高学年の子どもたちにとっては、友達に肯定的に評価をされることは、その成長過程においても大切なことです。

　さらに、教員からの評価は自己評価を助け、自分の目標を見直す大切なものになります。これは強引に子どもに示唆を与えて方向性を指示することではありません。教員は過去の経験から、こうしたほうがうまくいくと分かっているためか、指示的になりがちです。子どもたち自らが気づくような言葉かけこそが重要です。

　子ども同士や教員の言葉かけによって、子どもが変化することは授業記録からも明らかです。

　本校においては、キャリア・カウンセリングとは、「気づきをもたらす意図をもったコミュニケーション」と考えました。

　キャリアン・パスポートの研究とともに、今後もキャリア・カウンセリングの研究を続けようと考えています。

【事例①】　教員の言葉から自分の目標を設定している例

・一人でいないでなるべく友達のわに入れてもらう。
（ふりかえり）友達の「わ」に入ることはできたと思う。でも、だれにでも優しくというのはもうちょっと優しくできたと思う。二学期はそこをなおしたいです。

（先生より）

　人間関係についてタフに考え抜いた１学期でしたね。その分、人としての器も大きく育っています。

　あなたの優しさに、心救われている人がいますよ。

・だれにでも優しく接する。
・自分の得意な所を今に生かす。
・たくさん本を読む
（ふりかえり）人前に出ることが苦手だったけれど、プレゼンテーションなど、得意なところを生かして、人前に出る機会をたくさんえることができたと思う

【事例②】　１学期の行動の価値付けを行ったところ、目標に設定し自己評価が上がった例

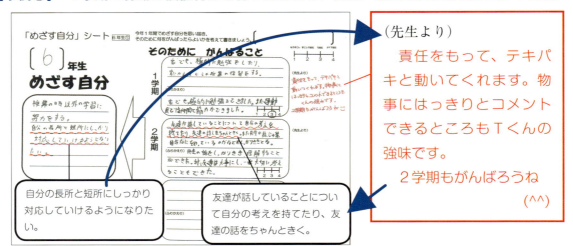

（先生より）

　責任をもって、テキパキと動いてくれます。物事にはっきりとコメントできるところもＴくんの強味です。

　２学期もがんばろうね
(^^)

【事例③】　ふり返りの効果を意識付けた例

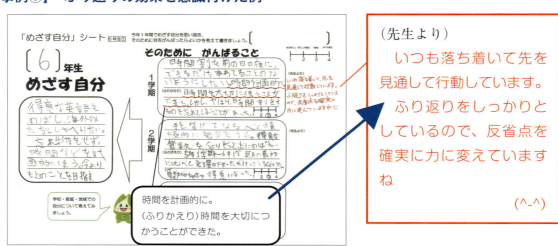

（先生より）

　いつも落ち着いて先を見通して行動しています。ふり返りをしっかりとしているので、反省点を確実に力に変えていますね
(^-^)

【事例④】　自分の考えをもつようになった例

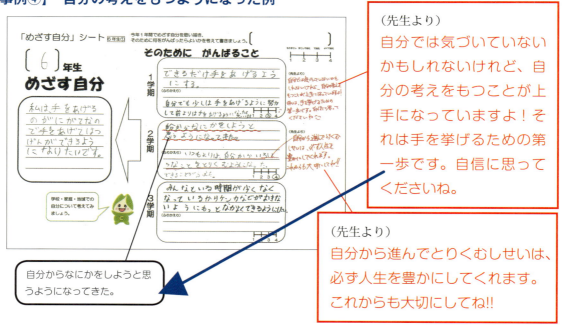

（先生より）

自分では気づいていないかもしれないけれど、自分の考えをもつことが上手になっていますよ！それは手を挙げるための第一歩です。自信に思ってくださいね。

（先生より）

自分から進んでとりくむしせいは、必ず人生を豊かにしてくれます。これからも大切にしてね!!

【事例⑤】 保護者からのコメントを力にしている例

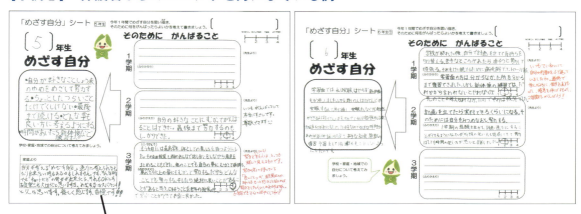

（家庭より）
　自分が考える「めざす自分」通りに考えられなかったり出来ない時もあるかもしれません。でも、そんな時でも"チョットだけ"の努力が出来たら、それでもOKとする気楽さも大切だと思いますヨ。めざす姿はスバラシイ！と父は思います。嬉しく感じます。自慢です！！

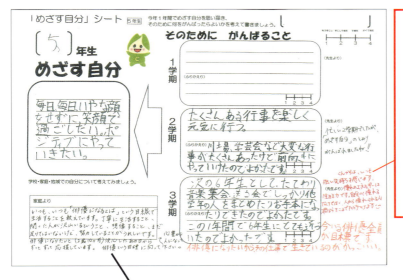

（先生より）
　Mくんからはいつも強い気持ちを感じます。憧れのエネルギーは生きる力です。自分が憧れるだけでなく、人から憧れられる人に。君ならそこまでたどりつけます。

（家庭より）
　いつも、いつも「俳優になるとは」という目線で生活することを教えています。丁寧に生活すること、関った人が沢山いるということ、想像すること、まだ足りてはいないけど、努力していることがうれしいです。
　俳優になりたいと（2歳10カ月）決心したあの日からずっとずっと応援しています。
　俳優という目標に向かって心豊かな人になってください。

「キャリア・パスポート」への展開　　長田徹 解説

　小学校学習指導要領第1章 総則　第4 児童の発達の支援　1 児童の発達を支える指導の充実　第6章 特別活動　第2 各活動・学校行事の目標及び内容　2 内容にも「見通しを立て、振り返る」という活動が記されています。これまでも、「見通しを立て、振り返る」活動は教科指導や学校行事等で多くの先生方が日常的に大事にしていただいていることですが、この機会に改めてこの活動で何を目指すのか考えてみましょう。同じような表現は以下にもあります。

【第1章 総則　第3 教育課程の実施と学習評価　1 主体的・対話的で深い学びの実現に向けた授業改善】

> (4)児童が学習の見通しを立てたり学習したことを振り返ったりする活動を、計画的に取り入れるように工夫すること。

【(小学校)第6章 特別活動　第2 各活動・学校行事の目標及び内容　3 内容の取扱い】

> 　2の(3)の指導に当たっては、学校、家庭及び地域における学習と生活の見通しを立て、学んだことを振り返りながら、新たな学習や生活への意欲につなげたり、将来の生き方を考えたりする活動を行うこと。その際、児童が活動を記録し蓄積する教材等を活用すること。

【第1章 総則　第3 教育課程の実施と学習評価　2 学習評価の充実】

> (1)児童のよい点や進歩の状況などを積極的に評価し、学習したことの意義や価値を実感できるようにすること。また、各教科等の目標の実現に向けた学習状況を把握する観点から、単元や題材など内容や時間のまとまりを見通しながら評価の場面や方法を工夫して、学習の過程や成果を評価し、指導の改善や学習意欲の向上を図り、資質・能力の育成に生かすようにすること。

　資質・能力のバランスのとれた学習評価を行っていくためには、論述やレポートの作成、発表、グループでの話し合い、作品の制作等といった多様な活動に取り組ませるパフォーマンス評価等を取り入れ、ペーパーテストの結果にとどまらない、多面的・多角的な評価を行っていくことが必要です。また、総括的な評価のみならず、一人一人の学びの多様性に応じて、学習の過程における形成的な評価を行い、例えば、日々の記録やポートフォリオ等を通じて、児童の資質・能力がどのように伸びているかを、児童自身が把握できるようにしていくことも考えられます。言い換えれば、児童が自己評価を行うことを、教科等の特質に応じて学習活動のひとつとして位置付けることが適当だということです。自らの学習状況やキャリア形成を見通したり、振り返ったりできるようにすることがこれからの評価に求められているのです。
　では、「見通しを立て、振り返る」学習活動や評価の具体とは何を指すのでしょうか。

平成28年12月に中央教育審議会は「幼稚園、小学校、中学校、高等学校及び特別支援学校の学習指導要領等の改善及び必要な方策について（答申）」（以下：28年中央教育審議会答申）を取りまとめました。

> このように、小・中・高等学校を見通した、かつ、学校の教育活動全体を通じたキャリア教育の充実を図るため、キャリア教育の中核となる特別活動について、その役割を一層明確にする観点から、小・中・高等学校を通じて、学級活動・ホームルーム活動に一人一人のキャリア形成と実現に関する内容を位置付けるとともに、「キャリア・パスポート（仮称）」の活用を図ることを検討する。

当時の中央教育審議会総則・評価特別部会や同特別活動ワーキンググループにおいては、特別活動において育成すべき資質・能力を確実に育む観点から、キャリア教育の中核的な指導場面として特別活動が大きな役割を果たすべきとの議論がなされました。その中で、キャリア教育は、ややもすると職業に関する体験活動や進路指導といった狭いものとして捉えられがちですが、本来、自らのキャリア形成のために必要な様々な汎用的能力を育てていくものであり、学校の教育活動全体を通して行うものであることを再確認しています。そのために、小学校から高等学校までの特別活動をはじめとしたキャリア教育に関わる活動について、学びのプロセスを記述し振り返ることができるポートフォリオ（「キャリア・パスポート」）的な教材を作成し、活用することが効果的ではないかとの提案がなされたわけです。

こうしたものが特別活動を中心としつつ各教科等と往還しながら活用されることで、学びを蓄積し、それを社会や将来につなぎ、必要に応じて振り返ることにより、主体的に学びに向かう力を育て、自己のキャリア形成に生かすことが可能になるとともに、特別活動や各教科等における指導の改善にも寄与することが期待されたのです。

多くの学校と同じように尾山台小学校でも教科の授業や学校行事等、日常的な振り返り活動が行われていました。どの学年も一年間は児童の作品や記録を丁寧に掲示したり、ファイリングしたり、蓄積ができました。しかし、学年を超えて振り返ったり、見通したりできるものにはなっていませんでした。

そこで、学年を超えて持ち上がれるように"今ある宝物"をつなぐ「キャリアン・パスポート」への展開を模索したわけです。児童が自身の過去の自分と向き合い、将来の自分を思い描けるように、運動会・学芸会等大きな行事の振り返りや各学年で取り組んだ学習の成果が分かるものを学年で2つ3つ蓄積することにしました。これは、まさに「キャリア・パスポート」の先行事例であり、多くの学校で参考にしていただきたいものです。しかし、記録や蓄積自体を指しているのではありません。「キャリア・パスポート」の活用、「キャリア・パスポート」を用いた対話的な関わりが尾山台小学校では見事に行われているのです。このことについては次の解説で述べていきます。

Column

　平成31年3月29日「キャリア・パスポート」について文部科学省は、その目的や定義を以下のように全国の教育委員会に示し、令和2年4月より全国の小学校、中学校、高等学校において完全実施することとしました。

> 小学校から高等学校を通じて、児童生徒にとっては、自らの学習状況やキャリア形成を見通したり、振り返ったりして、自己評価を行うとともに、主体的に学びに向かう力を育み、自己実現につなぐもの。
> 教師にとっては、その記述をもとに対話的にかかわることによって、児童生徒の成長を促し、系統的な指導に資するもの。

> 「キャリア・パスポート」とは、児童生徒が、小学校から高等学校までのキャリア教育に関わる諸活動について、特別活動の学級活動及びホームルーム活動を中心として、各教科等と往還し、自らの学習状況やキャリア形成を見通したり振り返ったりしながら、自身の変容や成長を自己評価できるよう工夫されたポートフォリオのことである。なお、その記述や自己評価の指導にあたっては、教師が対話的に関わり、児童生徒一人一人の目標修正などの改善を支援し、個性を伸ばす指導へとつなげながら、学校、家庭及び地域における学びを自己のキャリア形成に生かそうとする態度を養うよう努めなければならない。

キャリア・カウンセリングの充実　　長田徹 解説

　平成28年中央教育審議会答申では、「キャリア・パスポート」について次のように一つの方策を示しています。

> 特別活動（学級活動・ホームルーム活動）を中核としつつ、「キャリア・パスポート（仮称）」などを活用して、子供たちが自己評価を行うことを位置付けることなどが考えられる。その際、教員が対話的に関わることで、自己評価に関する学習活動を深めていくことが重要である。

　尾山台小学校では、「キャリアン・パスポート」を活用した対話が行われています。実際に取材した事例を紹介します。

「めざす自分」ワークシートを活用した　【2年女子】と担任教師の対話

1学期のめざす自分
「字がじょうずで、いつもえがおでやさしい人になりたい。」

1学期のふりかえり
「まえよりも、字がじょうずになれたし、えがおでもいられて、やさしい人になれたので、かっこいい3組にちかづけてきたと思います。」

自分のよさに気づく力

先生より
　目ひょうをいつもいしきして、生活することができたね！字のていねいさは、みんなの手本だね。いつもえ顔ですごしていて、みんなも楽しくえ顔にさせたよ！2学きもつづけよう！

2学期のめざす自分
「わたしのにがてな大なわやうしろあやとびをチャレンジして、1年生のおてほんになれる2年生になりたいです。」

チャレンジする力

　この事例では、「一学期の目標設定」→「振り返り」→「教師との対話」→「二学期の目標設定」というプロセスの中で、2年生でも学びがつながっていくことや積み重なっていくことを実感できています。振り返りや教師のコメントから目標の質が高まっていることも児童は理解できています。
　また、「自分のよさに気づく力」「チャレンジする力」に向けて活動していることも自覚できています。
　もちろん、教師にとっては児童が目標を意識して日々の生活に取り組んだことを改めて認識する機会となっています。

「めざす自分」ワークシートを活用した　【5年（6年）男子】と担任教師の対話

5年生のめざす自分
「人にやさしく、マナーを守る」

5年生2学期のふりかえり
「先生がおもしろかった。にぎやかで楽しい二学期でした。」

学芸会をはさみ、児童会、クラブ活動が6年中心から5年中心に

5年生3学期のめざす自分
「もうすぐ最高学年だから、いまのうちに最高学年としてはずかしくないようにがんばりたい。」

チャレンジする力

先生より
「今の内に」という言葉に自覚の高まりを感じます。最高学年といっても、特別なことをするわけではありませんよ。当たり前のことを当たり前に行うことが大事ですね。

6年生のめざす自分
「周りの人とちゃんと話したり、相手の話を聞いたりする。あいさつをする。時間を守り、見通しをもって行動する。」
　　　　　　　　　　　　　　　　　　　思いを受け止める力

6年生1学期のめざす自分
「グループで話す時にはちゃんと目を見て話す。また、こまめに時計を見る。いろんな人にあいさつをする。」
　　　　　　　　　　　　　　　　　　　思いを受け止める力

6年生1学期のめざす自分
「最高学年として言動を意識する。移動の時など周りの様子をよく見る。あいさつはできていると思うから、自分からを心がける。」
　　　　　　　　　　　　　　　　　　　思いを伝える力

　この事例では、学芸会や縦割り活動のリーダー役を6年生から引継ぎ、それをきっかけに児童の意識が変わってきていることが見取れます。また、「チャレンジする力」「思いを受け止める力」「思いを伝える力」に向けての努力の様子や目標の質の高まりが時系列で分かります。

　進学や就職に関する面接、面談のことのみをキャリア・カウンセリングと言うのではありません。生きることや働くこと、役割や責任の積み重ねを児童が自覚できるようにという意図を教師が持って行う児童との日常的な「対話」「言葉がけ」を含めた広義なものを指しています。尾山台小学校のようにキャリア・カウンセリングを通して、教師による児童理解はもちろんのこと、児童自身の自己理解や意思決定につなげ、学び続ける意欲と自信を持たせる。決して新たなことではありませんが、キャリア教育の肝と言ってもよいでしょう。

第 5 章

今ある宝を大切にする

私たちがこれまで続けてきた教育活動の中には、キャリア教育につながるものがたくさんあります。

第5章では、そんな尾山台小学校の「宝」を掘り起こし、キャリア教育につなげた事例について詳しく説明します。

キャリア教育の視点で見直す

　本校でキャリア教育を始めたばかりの頃（平成27年4月）に、日々の教育活動の中でどのようなものがキャリア教育なのかを「キャリアの視点」で見直してみました。すると、今まで行ってきた様々な活動の中にキャリア教育の断片がたくさんあることがわかりました。

　その断片をキャリア教育として位置付け、子どもたちに身に付けさせたい資質・能力は何なのかをはっきりとさせ、価値ある活動にすることが必要だと考えました。

　そこで、すでに行っている教育活動をキャリア教育の視点から振り返り、本校のキャリア教育を整理して年間指導計画を作成し、意図的・計画的に行うことにしました。

　新学習指導要領の中では、「キャリア教育」を推進するために、特別活動を要としつつ各教科等の特質に応じて充実を図ったり、教育活動全体の取組を自己の将来や社会づくりにつなげたりしていくことの大切さが示されています。

　さらに、小・中・高等学校のつながりが明確になるように整理され、キャリア教育が基礎的・汎用的能力を育むものであることから、職場体験活動等の固定的な活動だけに終わらないようにすることが重要なポイントであると示されています。

	平成20・21年改訂学習指導要領	平成29・30年改訂学習指導要領
学習指導要領　総則	第1章第4の1の(3) 「児童が、学ぶことと自己の将来とのつながりを見通しながら、社会的・職業的自立に向けて必要な基盤となる資質・能力を身に付けていくことができるよう、**特別活動を要としつつ各教科等の特質に応じて、キャリア教育の充実を図ること。**」	第1章第4の1の(3) 「生徒が、学ぶことと自己の将来とのつながりを見通しながら、社会的・職業的自立に向けて必要な基盤となる資質・能力を身に付けていくことができるよう、**特別活動を要としつつ各教科等の特質に応じて、キャリア教育の充実を図ること。**その中で、生徒が自らの生き方を考え主体的に進路を選択することができるよう、学校の教育活動全体を通じ、組織的かつ計画的な進路指導を行うこと。」

キャリア教育の断片

　日々の生活の中には、「キャリア教育の断片」がたくさんあります。本校の「キャリア教育の断片」には、以下のようなものがありました。
　中には朝の会、帰りの会、日々の授業中等短時間で行うものもあり、年間指導計画には位置付けられていないものもあります。

① 進歩に気付く「振り返り」——帰りの会で、友だちのよさを発表（1年生）——

　帰りの会では、その日一日の振り返りをします。自分の進歩や友達のよさを見付けて発表を行いました。友達に褒められることで、自分のよいところを意識するようになり大きな自信につながります。
　日々の中で子どもたちの関わり合いを増やすことを奨励し、自分自身の振り返りをさせることで、一人一人が自分のよさに気づくことができるように働きかけました。

○○さんに二重跳びのコツを教えてもらったら、今日できました。嬉しかったです。

　これは、キャリア目標の「よさに気づく」に直結している活動です。帰りの会でよさの発表を行っている小学校は多いと思います。本校では、キャリア教育の一環として位置付けています。

② 授業や行事の振り返り「めあてとふりかえり」——付箋の活用（1・2年生）

　日々の授業でも振り返りを大切にしました。生活科の「遊びのフェスティバル」では、1・2年生混合の小グループごとにお店の計画を立てたり準備をしたりしました。本番を終えた後で、友達のお店のよかった点を付箋に書いて伝えました。子どもたちは、グループで顔を寄せ合いながら友達からの付箋を読んでいました。「喜んでもらえた」「成功してよかった」と充実感や達成感を得ている様子が見られました。

　日々の授業では「目標と評価」(めあてとふりかえり)を行うことを基本としました。
　ワークシートに書いたり発表し合ったりと、方法は授業に合わせて考えました。また行事では、よさを付箋に書いて貼る等の工夫をしました。
　行事の振り返りは「キャリアン・パスポート」に綴じこんで6年間が積み重っていくようにしました。

③　異学年交流　互いのよさを感じるかかわり合い――展覧会の交流鑑賞――（1・6年生）

　本校では、異学年交流として様々な取組を行っていますが、そのひとつに「交流鑑賞」があります。異学年交流の場にもキャリア教育の断片はあります。展覧会では、1年生は6年生、2年生は5年生、3年生は4年生のパートナーと一緒に鑑賞しました。1年生は6年生に褒めてもらったり、頑張りを認めてもらったりすることで、自分の作品に自信をもつことができました。

1年・6年のパートナー

※リードの仕方にはいろいろなタイプがありました。徹底的に1年生に付き合うSさん。1年生は自分の行きたいところにすべて行けて、話を聞いてもらえてとても満足したようでした。

※上の2組は、「ここに行ってみようか」と話し合いながら、6年生がリードして回っていました。

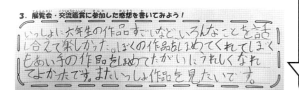

> いっしょに、六年生の作品すごいなど、いろんなことを話し合えて楽しかった。ぼくの作品をほめてくれて、ぼくもあい手の作品をほめて、たがいにうれしくなれてよかったです。また一緒に作品を見たいです。

　低学年は、クラスごとに並んで観たり一人で観たりするよりはるかに鑑賞に対する意欲が高まりました。6年生は表現がストレートな1年生に褒めてもらうことがとてもうれしい様子で、顔をほころばせていました。

④　互いを認め合う交流活動（全学年）

　教室内や廊下等に、「〇年〇組のみなさんへ」等の手紙を掲示しています。交流をした後に振り返ったものをカードにして、交流相手の学級へ送っています。

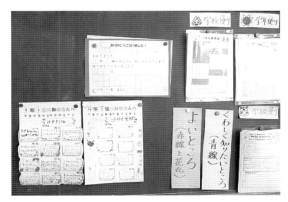 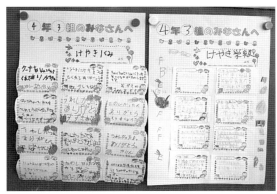

地域とつながる教育──えがおのひみつ探検隊

尾山台小学校では、キャリア教育を

① 日々の教育活動すべてにおいて行う
② 体験的な学習＋事前事後の学習

この2本立てで考えることにしました。

ここでは、本校のふたつの事例をご紹介します。「えがおのひみつ探検隊」と「リアル職業調べ」です。

地域とつながる教育　～えがおのひみつ探検隊～

研究推進委員　管野　弥沙

「えがおのひみつ探検隊」は、生活科の教科書『せいかつ 下 みんな なかよし』(教育出版)に掲載されている教材です。これを、キャリア教育としてねらいを明確にして位置づけました。

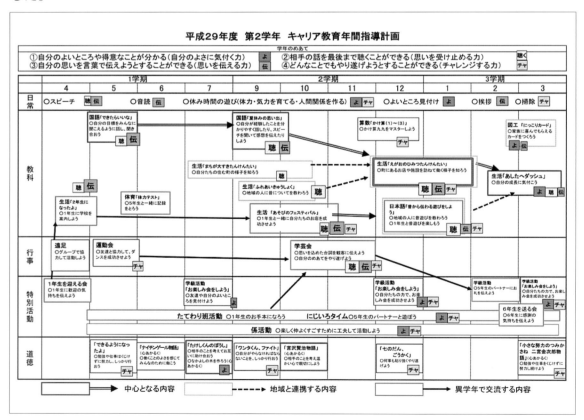

（1） 単元名

「えがおのひみつ　たんけんたい」

（2） 単元の目標と評価規準

・地域の自然や施設、さまざまな人々について知りたいという気持ちをもち、さらに詳しく調べたり地域の人々と交流したりする活動を通して、まちへの愛着を深めることができるようにする。
・まちの人が地域のためにしていることや思いに気付き、社会の一員としての自分の行動を考えることができるようにする。
・地域の人へのインタビューや交流する活動を通して、相手に応じて適切な接し方をすることや、相互に交流することの楽しさやよさを感じることができるようにする。

（3） 単元の目標にせまるための手だて

見通しをもたせるための掲示

児童が今までの学習や次の活動を理解しやすくするように、学習の全体計画を掲示し、見通しをもって学習に取り組ませる。

 ① **学習形態の工夫（キャリア聴・伝）**

調べ学習においてチーム（学年混合）や少人数（３人〜４人）のグループ活動を取り入れ、学び合いの中で気付きを深めさせ、発表を工夫させる。

 ② **「聴き方・伝え方のポイント」の活用（キャリア聴・伝）**※２年指導案６ページ目参照

話し合いや発表を楽しく進めさせるために、聴き方名人「あいうえお」や話し方名人「かきくけこ」、「聴き方・伝え方のポイント」を意識させ、友達の思いを受け止めながら最後まで話を聴いたり、分かりやすい言葉で自分の思いを伝えたりするようにさせる。

 ③ **ねらいに沿ったインタビューの工夫（キャリア聴・伝）**

地域の方との交流の前にインタビューしたいことや聞く順番等をグループで話し合わせ、ねらいに沿ったインタビューになるよう内容を精選させる。

 ④ **児童の願いや思いを生かした発表（キャリア伝）**

児童の願いや思いを生かした発表内容や方法で工夫させて発表させる。ポスター、新聞、紙芝居、劇等、他の単元で学習した経験を生かし、児童にグループで自由にまとめ方を考えさせる。

（4）　学習指導計画（全18時間　本時　14/18時間目）

時	学習内容	手だて	・留意点　○評価
第一次「まちのことを思い出そう」			
1	・「まちが大すきたんけんたい」の学習を振り返る。		・振り返りカードを活用し、全単元を振り返らせる。 ○また見に行きたい、もっと知りたい等の意欲を高めている。
第二次「グループごとにたんけんをしよう」			
1	・もう一度行ってみたい場所や聞いてみたいことを考える。	①全体計画で見通しをもたせる。	・今後の見通しをもたせる。 ○もう一度行ってみたい場所や目的を明確にし、友達と計画を立てる。
2	・探検の計画を立てる。 【探検場所】 尾山台郵便局、尾山台駅 尾山台駅前交番、畑 おひさま保育園 善隣幼稚園 玉川消防団 尾山台中学校	②グループで話し合い、探検の意欲を高める。 話し合いのポイントを意識させる。	○目的を明確にし、友達と計画を立てる。 ・興味をもった探検場所をひとつ選び、グループに分かれて計画を立てさせる。
3	・質問を考える。	④探検の目的、目標に沿った質問や順番、話し方を考えさせる。	○身近な人々と伝え合うことに関心をもち、質問を考える。
4	・インタビューの練習をする。		○場や相手に合わせた話し方で話す。
5	・マナーや探検の約束を確認する。		○探検するときには場所や相手に応じて気を付けることがあることに気付いている。 ・探検の目的やマナーを意識させる。
6	・探検をする。	②リーダー、副リーダーを中心に主体的に学習に取り組ませる。	○地域の人たちにすすんで挨拶する等親しく関わり、きまりや規則を守って探検する。

時	学習内容	手だて	・留意点　○評価
7	・振り返りをする。 ・お礼の手紙を書く。		○仕事をしている人々の工夫や努力を考えている。【思】

第三次「えがおいっぱい　はっぴょう会をしよう」

時	学習内容	手だて	・留意点　○評価
1 2 3 4	・調べたことの中から自分が伝えたいことや伝えたい相手を考える。 ・グループに分かれて発表の準備をする。	⑤自由にまとめ方や発表方法が工夫できるよう、今までの経験を想起させる。 ②友達と見合い、アドバイスしたり、褒めたりすることで自信をもって活動に取り組ませる。	○探検を通して感じたことや思ったことを地域の人に伝える方法を考えたり、まちで見つけたことや体験してきたことを振り返って、工夫して表現したりしている。
5	・招待状を書く。		○招待状やポスターに必要な項目を考え、分かりやすく伝えようとしている。
6 7	・発表の練習をする。（本時） ・発表の仕上げをする。		○友達の発表のよいところや気付いたことを伝え合い、発表会への意欲をもつ。 ○相手に分かりやすく伝える方法を考える。
8	・発表をする。		○招待者に発表内容を分かりやすく伝えようとしている。
9	・発表の振り返りをする。 ・感謝の気持ちを伝える。		・「えがおのひみつ」とは何かをもう一度考えさせる。 ○まちの人への感謝の気持ちを書くことができる。

第四次「あこがれのえがお」

時	学習内容	手だて	・留意点　○評価
1	・これから、どのようにまちの人と関わっていきたいか、話し合う。 ・自分の生活とのつながりについて考える。		・探検を通して、あこがれた人や仕事について発表させ、このまち、社会の一員としての意識や希望をもたせる。 ○地域のさまざまな人々や自然、施設等は、自分たちの生活とつながりがあり、深く関わっていることに気付いている。

(5) キャリア教育として位置付けるために

●単元のねらいからぶれない

　キャリア教育を進めるうえで忘れてはいけないことは、単元のねらいからぶれないことです。キャリア教育の視点を取り入れるからといって何も特別なねらいを立てなくてはいけないわけではありません。大切なのは単元のねらいを達成すること。キャリア教育は単元を達成するための『通り道』なのです。

　だから私たちは終始「えがおのひみつを知り、子どもたちが地域に愛着をもつこと。進んで地域と関わろうとすること」というねらいを意識し、準備、実践をおこないました。

●強みを生かす

　この地域の方はとても温かく協力的であり、近くの商店街は活気があります。この強みを生かしたい、この地域のよさを子どもたちに知ってもらい、そして子どもたちにもっと地域の方たちと関わってほしいと思いました。またそんな子どもたちの姿を通して、保護者の方にもこの地域の魅力を再確認してほしいと思いました。

　私は、地域とのつながりを重点とした教育にしようと考えましたが、学校やその地域によって強みは違います。異学年交流が活発な学校、外国語教育に力を入れている学校、運動がさかんな学校。それぞれの学校の強みを中心にまず考えてみてはいかがでしょうか。

●バランスを考える

　行事の時数、教育課程で扱うべき内容は、学校ごとに決まっています。全部に重点をおくわけにはいきません。比重を考え、全体の計画を立てることが大切です。

　尾山台小学校では、前年度の２年生は、異学年交流を軸として「遊びのフェスティバル」という活動に重点がおかれていました。今後、「つくってためして」や「えがおのひみつ探検隊」に重点をおくことを考慮し、「遊びのフェスティバル」の内容の簡素化、計画や内容の見直しを行いました。

　どれかに重きをおいた場合、こういった修正や見直しは不可欠です。

●周りの協力を得る

　前単元「まちが大すき探検隊」でまち探検後にさらに詳しく探検したい場所を子どもたちにアンケートを取りました。その結果、多かったものの中から新しく探検場所を開拓することにしました。そのためには、副校長先生(学校によってはコーディネーターや学年担任が行う場合もある)の協力を得ることにしました。新規開拓するために、ねらいを副校長にしっかり伝えたことでこの場所を見学したいという思いに共感してくださいました。そして以前から交流のあったところや、学校行事等に参加してくださった方等を中心に声をかけていただきました。

　農家でのまちたんけんを依頼するにあたっては、

地域振興課（玉川総合支所地域振興課）にも連絡していただきましたが、個人情報の問題も
あり難しさがありました。農家の方と関わりのあった保育園の園長先生から農家の方に連
絡をしていただき繋がることができました。このように、親交のある方からその方の親交
のある方へとバトンのようにつながることもあります。無理だろうとは初めから諦めず、
周りに協力してもらうのもひとつの方法です。

● 事前指導が命

　それぞれの体験場所で「えがおのひみつ」をさぐるために何を聴きたいかを考えさせま
した。インタビューの質問内容です。ここでは、こちらがどんなことを聞かせたいかイメー
ジをもつことが大切です。質問次第で子どもの気付きや活動の深まりが変わります。この
部分には、学年でもかなり時間を割いて相談しました。

　クラス混合のチーム分けにして質問内容を相談したのも今回の特色です。教員が自分の
担当場所を決めることによって、同じ教員がいくつかのグループに中心になって関わるこ
とができます。

　決まった質問は事前に先方にお伝えして、ねらいとともに特にふれていただきたい話題
もお伝えしました。

　子どもたちには「えがおのひみつ」を調べるという目標をつねに意識させるとともに、
一人ひとつは質問を担当させるようにして、責任感をもって活動を行えるようにしました。

● 事後の指導（振り返りをする）

　発表会の後再度、お礼の手紙を書かせました。えがおのひみつを整理したり、他の班の
発表を聞いたりした後では、書くことの深みが増すだろうと考えました。予想通り、「楽
しかった」や「色々教えてくださってありがとう」といった内容が、「自分たちが幼稚園
にいたころこんなふうに考えてくださっていたと知ることができた。」「笑顔をみて、自分
も笑顔になることができた。」「自分もこんな仕事がしたい。」等内容の深まりがみられま
した。

　振り返りを大切にして丁寧に扱うことが大切です。

（6）　相手意識をもたせるために

　発表は２月の学校公開の日に設定しました。地域の方や保護者の方の参観しやすい日に
ちを考慮したからです。子どもたちに地域の方や保護者の方も招待することを伝え、発表
方法と発表内容を相談させました。

　子どもたちは「来てくださる方を笑顔にしたい。」と様々な発表方法を選択しました。
子どもたちが選択したのは、新聞、ポスター、紙芝居、劇、ペープサート、パネルシアター
です。どうやったらより相手に伝わりやすいか、その中で寸劇を入れたり、クイズやパネ
ルを出したりと創意工夫が様々に見られました。

> 発表方法を考える

　子どもたちに自由に発表方法を考えさせるためには、様々な方法を知っている必要があります。また、それに慣れていることも大切です。そのために、ポスター、新聞、紙芝居、パネルシアター、劇、ペープサート等様々な表現方法を教科横断的に扱いました。

●ポスターでまとめる　　1学期　生活科「めざせ虫はかせ」

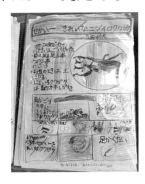

●音読劇で発表する　国語「物語文」登場人物の気持ちをセリフで考えさせる。
　　　　「たろうのともだち」　　　　「きつねのおきゃくさま」

●新聞形式でまとめる。　2学期　生活科「めざせ野菜名人」

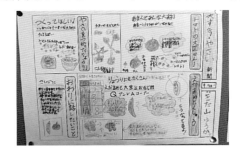
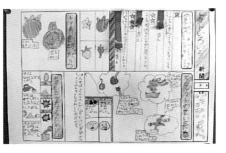

●ペープサートで発表する

... 144 ...

●紙芝居で発表する
　生活科「まちが大好きたんけんたい」

●クイズを作る
　国語「たねのたび」

ペープサートと紙芝居、仕掛けを合体させた道徳の教材

　発展的な表現方法の面白さにも気付いてもらえるよう道徳の資料提示では、紙芝居を挿入絵として活用したり、パネルシアター、ペープサート等を取り入れたりして、授業の中でも発表方法がたくさんあることが理解できるようにしました。

発表の練習をする

　様々な教科を通して、表現方法をひとつずつ確認し、自分の言葉で表現するという活動を取り入れました。夏休みの思い出スピーチでは、印象に残った出来事を中心に発表しました。
　3学期の集大成までに確実に力をつけていられるよう各教科とのつながりを意識して、計画的に進めるためには年間計画をしっかりと作ることが必要です。

　この単元のまとめの冊子をキャリアン・パスポートに綴じました。
　この学習は、二分の一成人式につながります。過去の自分を見つめるためのよい材料になるはずです。

今回の活動を終えての反応を紹介します。（一部抜粋）

子どもたち

・みんなの発表を聞いて、笑顔のひみつは「だれかを喜ばせること」ということだと思いました。みんな「だれかのため」に働いているのだなと分かりました。

・○○さんみたいな人になりたいです。だから、私はまず、自分の当番の仕事や家の手伝いをしっかり頑張ろうと思います。

探検場所の方々

・子どもたちがインタビューしたり、発表したりしてくれたことで自分自身が自分の仕事を改めて考えるよい機会になった。子どもたちに恥じぬようこれからも仕事を頑張っていきたいと思った。

・探検のあと、挨拶をしてくれる子がたくさんいて嬉しい。これからも行事等で子どもたちに会いに来ます。

・先生からこの学習のねらいを聞いて、実際に子どもたちと関わったり、発表を見たりして、自分自身がよい勉強になった。これからもぜひ、関わらせていただきたい。

保護者

・インタビュー先の尾山台駅の駅員さんや農家の方たちも参観に来られているのを見て、改めて地域の方々とのつながりや温かさを感じることができました！

・自分たちを受け入れて守ってくれている社会を知るよいきっかけになったのではないかと思います。10年後、20年後、この子たちもまちの一員として調査される側になる日が楽しみになりました。

・教えられたことを「暗記」することよりも創意工夫する力が今後大事になってくると考えています。これからも「正解」のないような学習項目を増やして頂けるとうれしく思います。

・2年生という早い時期に職業体験をできたことに羨ましく思うと同時に感謝いたします。様々な職業の方と接することでダイバーシティと彼らのモチベーションの原動力を学ばせるテーマは素晴らしいと思いました。

（7）　To do リスト

この「えがおのひみつ探検隊」を行うにあたってやるべきことを整理して紹介します。

□年間指導計画での位置付けの確認

□単元のねらい、キャリア目標の設定

□活動時期　※発表に招待者がいる場合は日にちを配慮する。

□子どもたちへの探検希望場所調査

□依頼文の作成

□副校長への協力要請　※地域コーディネーターや学年主任自身が行う場合もある。

□副校長による探検場所への依頼　※2か月前までに申請しないといけない場所もある。

□受け入れ先との打ち合わせ

　※ねらいについてきちんと説明し受け入れ先の条件や限度人数を確認する

□探検場所の割り振り

□児童に質問内容を考えさせる

□保護者への付き添いの依頼、割り振り

□探検先との事前打ち合わせ　※質問内容や実施時間等の細かい打ち合わせ。

　※写真を撮る場合は確認をとる。

□保護者との事前打ち合わせ　※役割分担や探検の流れ等

□子どもたちへの事前指導　※探検のマナー、約束、目的の再確認

□探検用のワークシート作成

□探検の活動メモの集約

□お礼の手紙指導

□発表のまとめ指導

□招待状の指導　※保護者、受け入れ先の地域の方宛てに書かせる。

□発表会のお知らせ

　※保護者や地域の方へ招待状を渡す。当日の順番を決め、他クラスで同じグループ
　　の発表が重ならないように配慮する。

□事後の指導　※活動のまとめ、再度お礼の手紙を書かせる。

□受け入れ先へのお礼

尾山台小学校キャリア教育集大成——リアル職業調べ

　6年生で行う「リアル職業調べ」は、小学校キャリア教育の集大成として大きな学びの場になっています。

　このリアル職業調べを始めたのは、キャリア教育コーディネーターであった故・椋下聡美さんとの出会いに始まります。椋下さんは、キャリア教育コーディネーター、キャリアカウンセラーとしてこの「リアル職業調べ」を企画・立案し、多くの学校に広めました。

　残念なことに椋下さんは志半ばで亡くなりましたが、今もその遺志を継いでこの「職業調べ」を行っている学校が多数あります。

　「リアル職業調べ」は前任校から始め、平成30年度で9回目になりました。以前はキャリア教育の中に位置付けておらず、事前・事後の活動は断片的な活動になりがちでしたが、キャリア教育を始めてからは年間指導計画に位置付け、身に付けさせたい資質・能力を明らかにして実施しています。

「リアル職業調べ」は、子どもの人数に合わせて、8〜10人くらいの職業人にご来校いただき、自分の職業だけではなく「生き方」についてお話しいただきます。

　6人から8人の少人数の子どもたちで、質問を交えながらお話を伺うことが特徴のひとつです。子どもたちはこの機会に自分の考えを広げ、多くのことを学びます。

　どこの学校でも、このようにゲストの方を招いて職業についてお話しいただく活動を行っていることと思いますが、本校ではそれを価値ある活動にするために以下のような工夫をしています。

・職業のことだけでなく、「生き方」について話すことをゲストの方たちに理解していただくこと
・少人数のグループで話を聞き、質疑応答の時間を取ること(このプログラムでは、子どもたちが話を聞くのは3人のみ)
・子どもたちの事前学習・事後の学習を大切にすること
・ゲストの方に連絡をする時間や資料の準備が必要なので、できれば学校支援コーディネーター等を活用すること

子どもたちへの事前アンケート

"自分"を知ろう "働く"を知ろう
今の自分の素直な気持ちを、見つめてみよう！ そして書いてみよう！

6年　　組　　名前　　　　　　　　　　　男 ・ 女

＜今の自分について＞

1	自分のいいところを知っていますか？（右の3つのどれかに○）	知っている ★	少し知っている ★	わからない ☆

★知っている、少し知っている と答えた人は、自分のいいところはどんな所だと思いますか？	★わからない と答えた人は、どのような人にあこがれますか？

2	自分にとって、大切だと思うことは何ですか？	
3	家族や友達にしてあげたいことは、どんなことですか？	
4	将来、どんな社会に住みたいですか？	

＜働くことについて＞

5.　"働く"から、イメージする言葉を書いてください。

6.　夢（やりたい仕事）を書いてください。たくさんあれば全部書いてください。

7.　どうしてその仕事に就きたいのですか？また、その頃にどんな自分になりたいですか？

椋下さんが作成したコーディネーター通信

キャリア教育コーディネーター通信 ● ○ ○

2013年12月16日

【キャリア教育キーワード】

●キャリア
「個々人が生涯にわたって遂行する様々な立場や役割の連鎖」、および「その過程における自己と働くこととの関係づけや価値づけの累積」

●キャリア教育
「児童生徒一人一人のキャリア発達を促進し、それぞれにふさわしいキャリアを形成していくために必要な意欲・態度や能力を育てる教育」端的には、「児童・生徒一人一人の勤労観、職業観を育てる教育」

●勤労観
職業に対する価値的な理解で、人が生きて行く上での職業の必要性や役割についての認識

●職業観
職業としての仕事だけでなく＜働くこと＞、そのものに対する個人の見方や考え方

キャリア教育って？ ―子どもの未来と社会をつなぐことを目指して―

キャリアとは？
よく耳にする言葉ではありますが、説明するのは難しいものですね。
「キャリア」とはどういう意味なのでしょうか。
「Career」を辞書でひくと「職歴」「経歴」「生涯」などと訳されています。

私たちキャリア教育コーディネーターは「キャリア」と「生きる」ことを考えます。
そして、「キャリア教育」とは、「自らをいく生きるために考えて行動する力を育てること」だと。
キャリア教育を通じて特別なことだけでなく、日常の中で育むことができるものです。今回、2に実施する「リアル職業調べ」では、職業人と触れることで、働く楽しさや自分に気づき、自分を知り、考える体験の機会になったらいいなと思っています。

子どもの「やりたい！」を引き出すには？

子どものやる気を引き出すにはどうしたらいいでしょうか。
意欲を引き出すには、結果期待と自己効力感の二つの概念が必要です。今回のリアル職業調べでは、結果期待（魅力的な社会人と接する）と自己効力感（自分の役に「やれる、知る」）のこつにアプローチしながら、子どもたちの「生きる力」を育んで行きたいと思います。

こうなりたい！（結果期待）

×

やりたい！（意欲）

ねばできる！（自己効力感）

キャリア教育コーディネーター

ゲストの方へ理解していただくためのお知らせ①

世田谷区立尾山台小学校　6学年　キャリア教育プログラム
―リアル職業調べ―　「"自分"を知ろう　"働く"を知ろう」企画書

「―リアル職業調べ―　"自分"を知ろう　"働く"を知ろう」は、自分自身を見つめ、自分のいいところに気づく、自己理解から始まります。
このプログラムは本校の「キャリア教育」の一環として始まり5年目となりました。
例年実施したなかで、明らかに実施前と後では子どもたちの考えに変化があり、キャリア教育の一環として行うことで、子どもたちの将来への想いに変化がでておりますが、まだ事前アンケートの中で、将来の夢を問いかけたところ「働く」ことのイメージからネガティブな言葉があることも事実です。
小学校最後の学年において、「働くことを知ることで、中学校での「職業調べ」への架け橋となり、さらに自己啓発を高められる児童への導きを考えております。
社会人ゲストには、様々な仕事をするゲスト講師をお招きし、自身が働くことを通じての『生き様』について語っていただきます。ゲストの話を児童が直接聴くことから、様々な職業の発見や興味を広げます。児童それぞれが自分ごととして「大人になり働くこと」を考え、実感の薄い"働く観""将来像"が児童にとって肯定的に変容することを目指します。
以下は今後の打ち合わせを通じて、適宜修正することを想定しています。

■授業実施日：平成30年11月2日（金）5、6校時　13：40～15：15

■プログラムの目的
「働く」ことに対する現在のイメージをよりリアルで身近なものにし、「働く」事は、楽しいことも大変なこともあり、だからこそやりがいを得られるものだということを知ってもらう。
ゲスト講師の話を聞き、どのような想いを持って現在の仕事に就いているのか、また、彼らの「生き様」を知り、「自分だったら…」と児童自身が将来像にワクワク感を持って考えられる。そして、自分自身が気づかなかったいいところの発見、自己啓発の向上を目指す。

■ねらい
今回は3の段階で進む児童が一人でも多く出ることが目的です。
　① 大まかなイメージ「大人になるってどんなかな？大変？楽しい？」
　② 「大人」「働くこと」への具体的なイメージ
　　「働くことって楽しくもあり、大変だからこそ、やりがいがあるんだな。」
　　「いろいろな体験があったから、今の仕事にたどりつくんだ。」
　③ 自分にとっての「生き方」「夢の設計図」の具体的なイメージ
　　「自分はあんなふうに生きていきたいのかな」

■ゲストの選定について
児童の興味関心のある職業を中心に、普段会う機会の少ない職業の方々もお呼びします。

■ゲストにお話ししていただく内容
現在の仕事について話していただきながら、「仕事は楽しい・大変」、その両方があるからこそ、やりがいがあることと、なぜ今の仕事をしているのかを、ご本人の生き様を中心に語っていただきます。ご自身の中学時代になりたかったこと、どんな中学生だったかなどもぜひお話しくださいませ。また、今年度のテーマでもあります「つながり」などの大切さなども、取入れていただければ幸いです。

ゲストの方へ理解していただくためのお知らせ②

ゲストの方にお話していただきたいこと

お仕事内容の簡単な説明と、働くことへの想いをメインに約10分程度お話しください。
その後10分は、児童たちからの質問等にお答えいただくインタビュータイムとなります。
（1クール合計20分間）
内容については、キャリア教育の意義・目的（別添の「キャリア教育コーディネータ通信」を参照）と、今回プログラムのねらいにあったものであれば、基本的にお任せいたします。下記のヒントも参考にしていただき、お考えください。

【プログラムのねらい】
　・ 世の中には様々な職業・仕事があるということ
　・ 世の中には様々な働き方があるということ
　・ それぞれの職業の「楽しさ」と「大変さ」
　・ ゲスト社会人のお話を聞いて、自分と照らし合わせてみるようなキーワード
に気づき、各児童の「働く」ことに対するポジティブな意見がでることを目的とする。

ヒント
● 仕事内容の説明（2～3分）
　・ 仕事に使う道具
　・ 意外な一面
　・ 誰がお客さま
　・ 一言で表現すると
　・ 別の何かに例えると

● 仕事の楽しさ、大変さ、やりがいなど働くことへの想いについて（7～8分）
　・ 子どもの頃の夢は？（・・・とその行方）
　・ 子どもの頃なりたかった職業は？
　・ 尊敬する人は？
　・ なぜ今の職業についたの？
　・ 実際にその職業についてみてからのギャップは？
　・ ベストジョブ、ワーストジョブは？
　・ ベストボス、ワーストボスは？
　・ 褒められた時、叱られた時
　・ 今までで一番の修羅場は？ どのように乗り越えた？
　・ 将来の夢は？
　・ 働く上で大切にされていることは？
　・ 働くことを通じて実現したいことは？
　・ あなたにとって「働く」とは？

以上

事前にいただくゲストのプロフィール

ゲスト社会人プロフィール

氏名_____ 職業_____
会社名_____

● お仕事についてキャッチフレーズを30文字くらいでお願いします。

● 小学6年のころ、何になりたかったですか？

● どんな子どもでしたか？

● 今、一番楽しいことは何ですか？

ご協力ありがとうございました。
お忙しい所申し訳ありませんが、10月15日までに下記担当○○まで、返送をお願いします。

学校支援コーディネーター：○○○○
メールアドレス：○○○○○○

ゲストに配布する当日の進行表

「"自分"を知ろう "働く"を知ろう」
―リアル職業調べ― 進行表

開始時間	所要時間	内容
11時30分		ランチルームへ集合
11時35分		ゲスト紹介 当日の流れの説明
11時40分		体育館へ移動 セッティング
11時55分		給食
12時20分		大人リアル職業調べ（体育館）
13時10分		ランチルームへもどり、メッセージの記入 休憩
13時37分		体育館へむけて出発
13時40分	10分	授業開始の時にゲスト講師が自己紹介→自分の席へ移動
13時50分	20分	【グループワーク】第1回リアル職業調べ（児童8〜9名） ① 仕事内容の説明・道具等を使って説明・擬似体験（直接児童が触るなど） ② 仕事の楽しさを伝える。エピソード 　・やりがいを感じた時 　・人の役に立つ・必要とされる時 ③ 児童の質問 ④ シートの記入
14時10分	2分	→移動
14時12分	20分	【グループワーク】第2回リアル職業調べ（児童8〜9名）
14時32分	5分	休憩・移動
14時37分	20分	【グループワーク】第3回リアル職業調べ（児童8〜9名）
14時57分	3分	児童前へ移動
15時00分	合せて15分	【全体会】ゲストより児童へメッセージ 1分程度 【全体会】児童の感想/先生のまとめのお話
15時15分		授業終了
15時20分		ランチルームへ移動 休憩 担任挨拶
16時00分		終了

*配置：体育館
1名のゲストを児童8〜9名程度で囲み、グループでお話を聞きます。

ゲストへの当日のご案内

平成30年10月吉日

社会人ゲストの皆様

世田谷区立尾山台小学校 6学年 キャリア教育プログラム
―リアル職業調べ―
「"自分"を知ろう "働く"を知ろう」

当日のご案内

このたびは、本校のキャリア教育授業へのご協力、誠にありがとうございます。早くも来月11月2日（木）と迫ってまいりました。
つきましては当日の集合時間・注意事項について、下記にて記載いたしましたので、ご確認のほどよろしくお願いいたします。

記

1．日時　：2018年11月2日（金）11:30〜15:30（目安）
　　　　　所用時間：授業時間を含めて4時間程度となります。

2．場所　：世田谷区立尾山台小学校（世田谷区尾山台3-11-3）
　　　　　東急大井町線 尾山台駅 徒歩5分
　　　　　※尾山台小学校のホームページ（ご参考まで）
　　　　　http://school.setagaya.ed.jp/oi

3．集合時間：11:30（尾山台小学校ランチルームへの集合となります。）

4．当日の流れ（概要）
　11:30　　　集合
　11:40〜12:30　当日の流れの説明（コーディネーターから）給食の試食（ランチルーム）
　12:30〜13:30　会場セッティング お互いのプレゼン（各3分位）
　13:40〜15:15　授業
　　・ゲストの皆さんのご紹介からスタートします
　　・20分×3ターンで児童へお話をしていただきます。
　　・最後にゲストの皆さんから一言メッセージをお願いします。
　15:20〜　　　控え室でアンケートを記入
　17:30〜　　　反省会を兼ねての懇親会の場所をかえての親睦会（実費にて）

5．事前準備のお願い
　・当日ご持参いただける仕事に関する道具や資料、PCを、ご準備ください。
　・当日、授業の最後にお話をいただくメッセージを、スケッチブック大の紙に記述していただきますので、ご練封ください。（用紙はこちらにて準備し当校側においていただけます）
　【※テーマ：「働く上で大切にしていること」や座右の銘などについて（1フレーズでお願いしす）

以上、授業の内容を含めて、ご質問等ありましたらご連絡をいただけたらと存じます。

＜リアル職業調べ＞
開催日時：平成30年11月2日（金）
　　　　　13時40分～15時15分
会場：尾山台小学校　体育館
ゲスト：10名

子どもたちは3人のゲストの方から話を伺います。今回は事前に希望した方1名とこちらから割り振った方2名としました。いろいろな方々の話を聞かせたいと考えたからです。

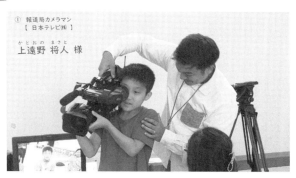

子どもたちは、どの方から話を聞いても、同じことをお話しされていたという感想をもちました。「仕事は、大変なこともあるけれど、生きがいでもある」「仕事を人を喜ばせるためにある」ということです。

ゲストの方の話の後には必ず質疑応答の時間があります。人数が少ないので、どの子どもも熱心に質問をしていました。ゲストの方たちもとても丁寧に答えてくださいました。

ゲストの方は回数を重ねるにつれ、地域の方や保護者の方に加えて、その方の友達や知り合い等、どんどんと輪が広がりました。自分の仕事を見直すいい機会になったとおっしゃる方が多くいらっしゃいました。

ゲストの方々は事前に「大人リアル職業調べ」を行い、子どもたちに話す内容を共有しています。ゲストの方から、他の方の仕事が知りたいとリクエストがあったからです。ゲストの方たちにとっても学びの場になっています。

学校支援コーディネーターの方々が10名のゲストに連絡をしたり、当日の進行を仕切ってくださったりしています。学校だけでは難しい活動を支えてくださっています。教育活動の充実になくてはならない方たちです。

最後には、ゲスト一人ずつから子どもたちへのメッセージをいただきます。
「成功の反対は、挑戦しないことである」等、子どもたちの心に響く言葉をいただきました。

6年生は単元名を「『For the future』〜未来へのステップ〜」として、リアル職業調べにつながる活動を行っています。事前・事後の活動を大切にし、この活動の最後には自分の生き方を考えて記す「夢の設計図」を作成し伝え合います。

　平成29年には校内研究で、この単元の研究授業を行いました。その時の指導案等をご紹介します。

第6学年　総合的な学習の時間学習指導案

平成29年10月27日（金）
6年2組（29名）
指導者　　松田　朋子

1　単元名　「For the future」　〜未来へのステップ〜

2　単元の目標と評価規準

　様々な職業に携わる人々との関わりや「働く」ことについて考える活動を通して、職業に対する視野を広げ、働く人の思いや願いを理解し、これからの生活に生かしていこうとする。また、これまでの自分を振り返りこれからの自分の生き方を考え、今の自分にできることを実践しようとする資質や能力を育てる。

	学習方法［学］		自分自身［自］	他者や社会［他］
育てたい資質・能力	・課題を見付け、自己の課題を設定する。 ・必要な情報を収集し分析する。	・相手や目的に応じて、分かりやすくまとめ、表現する。 ・学習の仕方や進め方を振り返り、学習や生活に生かそうとする。	・自らの生活の在り方を見直し、実践する。 ・自己の将来を考え、夢や希望をもつ。	・異なる意見や他者の考えを受け入れる。 ・他者と共同して課題を解決する。
評価規準	①働くことに興味・関心をもち、自ら課題を見付けている。 ②ゲストティーチャーの話を聞き、すすんでメモを取っている。 ③「働く」ことの共通点や相違点を見付け整理している。	①自分の考えや将来についての思いを、プレゼンテーションソフトを効果的に活用し表現する。 ②学習したことと他教科の関わりを理解し、さらに活用しようとしている。	①将来につながる自分のよさや持ち味に気付き、さらに広げようとする。 ②働くことの意義を理解し、そこから学んだことを自分の将来につなげて活用していこうとしている。	①ゲストティーチャーの話から、働く人の思いや願いを理解する。 ②友達と考えを共有する。 ③異なる意見や他者の意見を受け入れ、活動を進めている。

3　6年生のキャリア教育目標

①　自分のよさに気付く力

　　　→「自分のよさに気付きそのよさを生かそうとすることができる」よ

②　思いを受け止める力

　　　　→「肯定的な反応を返しながら話を聴くことができる」聴
③　思いを伝える力
　　　　→「自分の思いを受け止めてもらおうと工夫することができる」伝
④　チャレンジする力
　　　　→「自分を高めるためにめあてをもって取り組むことができる」チャ

4　単元について

　本校では3年前から「リアル職業調べ」を行い、将来の自分の生き方を考える学習に取り組んでいる。また、様々な職業に就く人々の講演を聴く機会や、将来の夢について考える機会もある。
　そこで本単元では、「未来の自分」と「今の自分」をつなげることを大切にしたいと考えている。
　本単元の中心である第2次「リアル職業調べ」を通して、様々な職業に携わる方々の話を聴き、働く人の「思いや願い」「仕事に対する姿勢」等を学ぶ。働くことを通して未来のイメージを広げ、どの職業でも共通している姿勢や思いを理解する。その中で、どの職業の人たちも、自分のよさや持ち味を生かしたり、自分を成長させたりしていることに気付くだろう。そこで第3次では、今の自分のよさや持ち味を見つめ直す。自分の知らなかったよさや持ち味に気付き、将来に向けてこの力を伸ばしたいという思いをもたせることで、自分の夢の実現に向かって前向きに進もうとする力を育てたい。自分のよさや持ち味を理解したうえで、第4次「夢の設計図作り」を行う。自分の未来へと続く道を具体的に表したり、友達に伝わるよう工夫してプレゼンテーションを計画したりする活動を通して、他者の生き方に関心をもち、さらに自分の将来についての考えを深められるようにしたい。

5　目標にせまるための手だて

①　**地域（ゲストティーチャー）との関わり(よ・聴)**

　　ゲストティーチャーをお招きし、お話を聴く。様々な職業に携わる方々の話を聴くことにより興味関心を広げるとともにその生き様に共感させ、自分のよさや持ち味も将来の生き方の中で生かせることに気付かせ、学習への意欲を高める。

②　**キャリアン・パスポートの活用(よ)**

　　6年生の自分の姿を見つめる際、キャリアン・パスポートを活用する。これまでの成長を感じられるもの（運動会カード・日光の「生かそうbook」等）をファイリングしておき、随時見られるようにする。本単元終了後にも、行事後に使用することで自分のよさを増やし続けていけるようにする。

③　**イメージマップの作成(聴・伝・よ)**

　　「働く人」の共通点や相違点をグループや全体で出し合い、全体で共有させる。

自分自身のイメージマップ作りでは、自分のよさや持ち味、好きなこと等を、可視化できるようにする。これからの生き様にもつながる自分のよさや持ち味を見付けたり、再確認したりする作業を毎回の学習の終末に行い、学習のつながりをもたせる。

④ **学習形態の工夫**(聴・伝)

　自分一人で考える場面、1対1でアドバイスをする場面、グループでの話合い等、学習内容に応じてグループの構成を変える。一人一人が自分の考えをもち、その考えを表現することができるように学習形態を工夫する。自分のよさや持ち味を教えてもらったり友達のよいところを伝えたりする活動を、全員が経験できるようにする。

⑤ **ICTの活用**(伝・チャ)

　ICTマイスターをゲストティーチャーとして招き、作成方法を学ぶ。プレゼンテーションのコツを学び、分かりやすい発表ができるよう工夫させる。一人ひとつの発表を行うことにより、自分と向き合い、自分の生き方をじっくりと考えさせる。

⑥ **他教科との関わりや日常生活とのつながりを意識させる学習計画の設定**(チャ)

　国語「説得力のある意見」での言語活動、道徳の学習で生き方について考えること、体育では連合運動会に向けて友達と助け合うこと等、日々の学習が自分の将来につながっていることに気付かせることで、さらなる意欲へとつなげる。

6　学習指導計画（全20時間　本時15/20時間目）

次	時	学習内容	手だて⑤ 他教科との関わり	・留意点　〇評価
第一次「将来の自分」	1	〇なりたい6年生の姿を考えよう ・キャリアン・パスポートを使って、6年生前半を振り返り、どんな6年生として卒業したいか考える。	・1学期の振り返りや2学期のめあてを決める（学活）	〇働くことに興味・関心をもち、自ら課題を見付けている。 〇将来につながる自分のよさや持ち味に気付き、さらに広げようとする。
	2	〇将来の夢について考えよう ・どんな大人になりたいか、未来の自分の理想像や大人になったら必要な資質や能力を考える。		
	3	〇働くことについて知ろう ・"働く"とはどういうことなのか考え、家の人へのインタビュー内容を考える。	・表現の工夫を考えて書く（国語）	〇友達と考えを共有する。 ・仕事と限定せず、どんな人になりたいか等、イメージでよいことを伝える。

次	時	学習内容	手だて⑤ 他教科との関わり	・留意点　　○評価
	4	○働くことについて考えよう ・家の人にインタビューしてきたことを発表し、共有する。	・調べるための本を選ぶ（国語）	手だて⑥ キャリアン・パスポートを使って振り返りをする。
	5 6 7	○興味のある仕事を調べよう ・自分が就きたい職業を詳しく調べる。 ・友達と自分の調べたことや思いを共有する。	・英語で道案内をする（外国語）	○働くことに興味・関心をもち、自ら課題を見付けている。 ○友達と考えを共有する。 ・学校図書館司書と連携し、図書資料を準備しておく。 手だて④ グループで伝え合い、未来の姿のイメージを広げる。
第二次「リアル職業調べ」	8	○事前準備をしよう ・調べる仕事内容を決定する。 ・ゲストティーチャーにどんなことを聴きたいか考える。	・月の満ち欠けを図を使って説明する（理科）	○働くことに興味・関心をもち、自ら課題を見付けている。 ○ゲストティーチャーの話を聴き、すすんでメモを取っている。
	9 10	○「リアル職業調べ」プログラムを体験しよう ・①仕事に関すること 　②生き方・生き様に関することの2つの視点でプログラムを体験する。 ・ワークシートに必要なことをメモしながら話を聴く。	・自分の心がけを論語にする（日本語）	○ゲストティーチャーの話から、働く人の思いや願いを理解する。 ・3人のゲストティーチャーから20分ずつ話を聴くことを伝え、質問を考えさせる。
	11	○体験の振り返りをしよう ・プログラムで体験したことや気付いたことをまとめる。 ・お礼の手紙を書く。	・連合運動会に向けて技のポイントを教え合う（体育）	手だて① 「リアル職業調べ」プログラムを通して、働く人の"生き方・生き様"について前向きに捉えさせる。
	12 13	○働く人の共通点や相違点を考えよう ・自分がとったメモをもとに、働く人の思いを比べイメージマップを作成する。 ・各グループで話し合ったことを全体で共有する。	・自分の役割を自覚して（道徳） ・学芸会に向けて ・クラブ・委員会活動	○「働く」ことの共通点や相違点を見付け整理している。 ○友達と考えを共有する。 ・「働く」ことに対する事前と事後の意識の変容をとらえられるようにする。 手だて② イメージマップを作成することで、「働く人」の共通点や相違点を可視化させ、イメージしやすくする。

次	時	学習内容	手だて⑤ 他教科との関わり	・留意点　　○評価
第三次「現在の自分」	14	○今の自分を見つめ、自分自身のよさや持ち味の中で、将来生かしていきたいことを考えよう ・自分自身のイメージマップを作成する。	・代表委員会・縦割り班活動・奉仕活動	○将来につながる自分のよさや持ち味に気付き、さらに広げようとしている。 ○異なる意見や他者の意見を受け入れ、活動を進めている。
	15 本時	○友達に自分自身について伝え、お互いの思いを伝え合おう ・イメージマップに情報を書き加え、完成させる。		手だて④ 少人数で伝え合うことで、話しやすい雰囲気、アドバイスしやすい雰囲気を作る。
	16	○全体に自分自身について伝えよう ・学級全体で一人一人のよさや持ち味を共有する。 ○単元全体を振り返り、今の自分の気持ちを見つめ直そう ・この単元の学習を体験した自分を振り返る。		手だて⑥ キャリアン・パスポートを見直し、最初の考えと比較する。
第四次「夢の設計図」	17 18	○「夢の設計図」を作ろう ・職業調べレポートとリアル職業調べ、自分マップを元に、自分が将来歩んでいきたい道や、大切にしたい生き方が伝わるように工夫して、プレゼンテーションソフトでまとめる。		○自分の考えや将来についての思いを、プレゼンテーションソフトを効果的に活用し表現する。 ○働くことの意義を理解し、そこから学んだことを自分の将来につなげて活用していこうとしている。
	19	○「夢の設計図」を伝え合おう ・自分や友達の思いや考えを伝え合う。		○学習したことと他教科との関わりを理解し、さらに活用しようとしている。 ・相手に分かりやすいプレゼンテーション方法を確認する。
	20	○学習のまとめをしよう ・夢の実現に向かって、今の自分ができることを考えて実践に結び付ける。		手だて③ 相手に分かりやすいプレゼンテーションの方法を確認し、自分自身を見つめながら考えさせる。

7　本時の学習　（15／20）

(1)　本時の目標

　　・自分の将来につながるよさや持ち味を再発見・再認識し、さらに広げようとする。

（2）　展開

時	学習活動	・留意点　　○評価
導入	1　前時までの流れと、本時の学習課題を確認する。 T：今日は、自分マップを完成させます。 **友達から意見をもらい、自分マップを完成させよう。** 	・キャリアン・パスポートを配布し、前時までの流れを確認する。 ・時間配分や、特に伝え合って欲しいこと等を伝える。
展開	2　自分が作ったイメージマップ「自分マップ」について話し、グループの友達と互いに相手のよいところや持ち味、好きなこと等を伝え合う。 T：各グループで自分について伝え合います。 　　一人の人が発表したら、その人についてグループで話し合いましょう。 C：私のよさは、明るいところです。ピアノが得意という特長もあります……。これで私の自分マップ紹介を終わります。 C：○○さんは字がきれいだからそれも入れるといいと思います。 C：いつも声かけしてくれるっていうのも入れた方がいいと思います。 3　友達からの意見を書き加え、自分マップを完成させる。	・全員が発表し、グループ全員からたくさんの意見がもらえるよう時間を確保する。 ○自分のよさや持ち味、好きなことを相手に分かりやすく伝えることができる。 手だて④　少人数で伝え合うことで、話しやすい雰囲気、アドバイスしやすい雰囲気を作る。 手だて②　イメージマップを使用し、自分のよさや持ち味を可視化できるようにする。 ・話合いがすすまないグループへの手立てとして、他のグループのよい取り組み方等を紹介する。 ○異なる意見や他者の意見を受け入れ、活動をすすめている
まとめ	4　本時の学習の振り返りをする。 T：自分マップについて友達と交流し、どのように感じたかを発表しましょう。 **C：自分では考え付かなかった自分のよさを教えてもらえたのでよかったです。** **C：自分では、悪いところだと思っていたことを逆にいいところと言われてびっくりしました。**	・自分自身のことや友達について、再発見・再認識したことや、感想を発表するように伝える。 ○将来につながる自分のよさに気付き、さらに広げようとしている。

時	学習活動	・留意点　○評価
ま と め	C：○○がよいと言われてうれしかったので、もっと頑張りたいと思いました。 C：自分では、悪いところだと思っていたことを逆にいいところと言われてびっくりしました。 C：○○がよいと言われてうれしかったので、もっと頑張りたいと思いました。	

8　成果と課題

(1)　成果

- キャリアン・パスポートが有効に活用できた。
- グループでしっかりと伝え合うことができ、人間関係を深めることができた。
- 自分のよさや持ち味を友達から伝えられることで、恥ずかしながらも喜ぶ児童の姿が見られた。
- 短所を長所に変えるという視点が身に付き、自己肯定感を高めることができた。

(2)　課題

- 振り返りの視点が弱かった。視点を明確にするため、板書計画をしっかりと行い板書する必要がある。
- 自主性を育てるためにも、もっと児童に活動を委ねた方がよかった。計時、進行を自分たちで行わせ、教師は途中で口を挟まないようにできるとよい。
- キャリア教育の取組として、さらに保護者も巻き込んで取り組んでいけるとよい。

【自分マップ例】

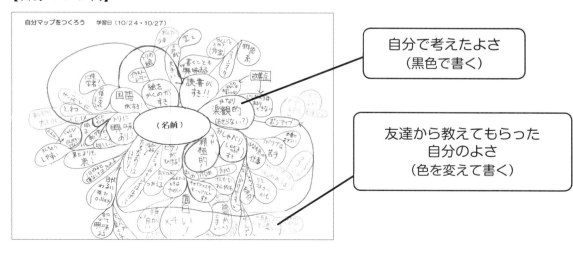

【夢の設計図　発表会】

「なりたい自分」になるために、12歳・15歳・18歳・20歳・25歳の目標を立てて、パワーポイントでまとめ、少人数のグループに発表しています。

　この活動を通して、子どもたちのアンケートは大きな伸びが見られた。最初のアンケートの結果は掲載していないが、特に伸びたところは②のグラフにあるように「自分」への気づきが大きく変化したことである。

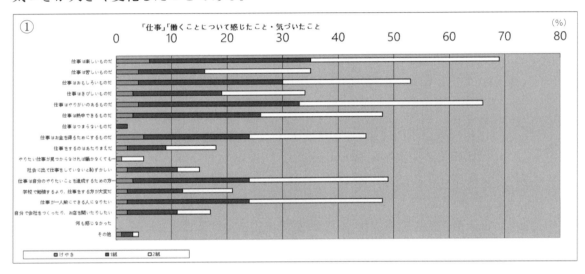

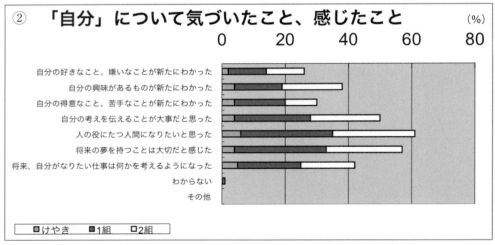

6年生はこの活動を通して、自分のことをもう一度考えてみることができたように感じる。それは卒業文集用の原稿にも表れていた。

最高学年としての一年間

「自分の未来を想像する」最高学年になり、リアル職業調べや、学校生活を通して改めて人間関係やチャレンジすることなどの将来につながる大切なことを学べた気がします。

夏休み。日光林間学園。ひさしぶりに友達に会えるので以前から楽しみにしていました。室長の役割はみんなをまとめることですが、意外とだれもが嫌な思いをしないようにまとめることが難しい。なので

「早くしてよ。五分前につくには十分前に部屋を出ないと間に合わないよ」などと、みんなが集合しているあせりからきついロ調になってしまうときがありました。けれど最近は意見がぶつか〝たときに声をおさえたり、相手に新しい意見を求めたりするように心がけています。人間関係の大切さを学びました。

リアル職業調べでは社会人の方から仕事とはどのようなものなのか話を聞きました。いろいろな方の意見を聞き、ポイントは「楽しい」ことだと思いました。命がかかっていたり、重い責任があるからこそ、それに立ち向かう努力やプレッシャーもやりがいになるそう。プレゼンテーションでもまとめたよ

うに、係活動で経験した楽しさがそのまま仕事の楽しさにつながる。だから今、基本となる勉強をや〝ているのだと考えました。

私はまだ将来の夢がは〝きり決ま〝ていません。それは興味のある職業が多すぎて一つにしぼることで後かいしないのかと思。好きなこと、自分の道に進む大切さを学び、今、これからにとことんうちこもうと思いました。夢はまだ決まっていないですが、目標はグローバルな人になりたいと思。ています。外国に行〝たときに常識や習慣がちがうのが新しくて面白いと思います。英会話もできるようになりたいです。

こうして考えてみると、今や〝ているたくさんのことが将来につながっているということが自分なりにわかりました。教わった知識をそのままためこむのではなく、これからの生活で引き出して活用して、将来の生活、仕事を楽しみたいです。

興味のある職業が多すぎてひとつに絞ることで後悔しそう

好きなことに、とことんうちこむグローバルな人になりたい　←

今やっていることが将来につながっている　←

教わったことをためこむのではなく、これからの生活で引き出して活用したい

次の文章では、様々な経験から学んだことを述べている。

未来に向けて大切な事

●●●●

☆ いやりです。一年生が入学してきたときは、僕たち六年生が靴のしたくなどを手伝ってあげました。朝のしたくを手伝っている時は一年生も自分から話してくれたりしますが、中には、あまり話すのが得意でない子やはずかしがり屋の子もいます。でも僕たち六年生は、「大丈夫かな手伝ってあげるね。」と、やさしく声をかけて一緒に手伝ってあげます。

☆ また、展らん会の交流鑑賞では、僕のペアの子が具合が悪くなって「水が飲みたい。」と、言ったので、先生に言って水を飲ませてあげました。ペアの一年生の子も気持ち悪いのが治って「気分が良くなった!!」と、喜んでいたので、こっちも嬉しい気持ちになりました。

☆ このことから心づかいと思いやりというのはすごく良いことで、自分も嬉しい気持ちになれるすごくかんたんなことなのだなぁと思いました。

☆ この学んだ「夢の大切さ」と「心づかいと思いやり」という大切なことを将来の夢や今の自分、そして自分のこれからの人生に生かしていきたいです。

僕は六年生になって思い出に残っていることから、生きていくうえで大切だと学んだことが二つあります。

☆ 一つ目は、リアル職業調べで学んだ「考え方」と「夢の大切さ」です。リアル職業調べでは、社会で働いている人から「働く」とはどういうことかという事を聞きました。すると僕たちとはちがった考え方がありました。僕たちは、仕事は大変なはずなのに働くのはなぜだろうという疑問がありましたが、社会で働いている人たちの考え方の共通点から、僕はこういうことではないかと考えました。

☆ それは、やりたいからだと思います。働いているとお客さんの喜びや笑顔以外にも不満やつらいこともいっぱいあると思います。その大変さをのりこえられるのは自分のやりたいと思う気持ちや、あきらめきれない強い気持ちがあるからだと思います。だから夢は本当に大切だと思います。働いている人はその大切なやりたいと思う夢をあきらめずにやっているから大変でもやりたいんだと思います。僕も、やりたいことをあきらめずにやれる人になりたいです。

☆ 二つ目は一年生との交流で学んだ、心づかいや思

心づかいと思いやりはすごくよいことで、自分も嬉しい気持ちになれるすごく簡単なことだと実感している。

"今ある宝"を「年間指導計画」でつなぐ　　長田徹 解説

　キャリア教育において体験活動は重要です。今の学びや努力が何につながるのか、体感する絶好の機会だからです。しかし、体験活動がやりっ放し、イベントの乱立にならないように事前・事後指導の充実こそが重要なわけです。

　安全に体験活動に取り組むための集会活動や礼法講座、アポ取り、感想文やお礼状の指導はもちろん重要ですが、これは体験活動の直近、言わば「直前・直後の学習」なのです。入学から卒業までの6年間や学年1年間を単位とした教科等の指導、学習・生活のルールに関する指導を有機的に体験活動につなぐ中・長期的な「事前・事後の学習」も大事にしたいものです。

　社会科のまち探検から、地域の人々への思いを作詞し音楽で練習して発表する。特別活動の学校行事で実施したジョブシャドウイングから、地域住民への感謝を込めたポスター作りを図画工作で行う。こういった教科横断で児童に身に付けさせたい力に迫る活動は、新たなことを立ち上げずともできるのではないでしょうか。

　学習指導要領総則には、教科横断的な視点に立った資質・能力の育成について以下のように示されました。

【第1章 総則　第2 教育課程の編成　2 教科等横断的な視点に立った資質・能力の育成】

> (1) 各学校においては、児童の発達の段階を考慮しつつ、言語能力、情報活用能力（情報モラルを含む。）、問題発見・解決能力等の学習の基盤となる資質・能力を育成していくことができるよう、各教科等の特質を生かしつつ、教科等横断的な視点から教育課程の編成を図るものとする。
> (2) 各学校においては、児童や学校、地域の実態や、児童の発達の段階を考慮しつつ、豊かな人生の実現や次代の社会の形成に向けた現代的な諸課題に対応して求められる資質・能力を、教科等横断的な視点で育成していくことができるよう、各学校の特色を生かした教育課程の編成を図るものとする。

　また、こんな事例もあります。中学校での職場体験活動の発表会後、生徒の出身小学校に協力をいただき、6年生と恩師の先生の前で発表をさせてもらうのです。（通称：鮭方式）もちろんねらいは、小学6年生に中学校での学習に見通しを立てさせることと、中学生には小学校から今日までの学習や成長を振り返らせることにあります。このことを整理し直せば、鮭方式によって、中学2年生の職場体験活動の事前学習は小学6年生で始まっていたのだといえるでしょう。このように体験活動を核にして教科横断、学年や校種を縦断して学びをつなぐことが大事なのです。

　社会的・職業的自立に向けて必要な基盤となる資質・能力（＝基礎的・汎用的能力、以下「基礎的・汎用的能力」）は、小学校から高等学校まで発達の段階に応じて、学校の教育活動全体の中で育むものとされてきました。一方でこれまで学校の教育活動全体で行うとされてきたことが、逆に指導場面を曖昧にしてしまい、特に狭義の意味での「進路指導」との混同により、進路に関連する内容が存在しない小学校において、体系的に行われてこなかったという課題もありました。

そのため、何をやってもキャリア教育、何もしなくてもキャリア教育という問題が散見されたわけです。

繰り返しになりますが、キャリア教育は児童に身に付けさせたい資質・能力に向けて学校教育全体(教科横断、学年縦断)で取り組むものですから、明確なゴール設定(全体計画の作成)と具体的な指導及び活動過程の明示(年間指導計画の作成)が不可欠になってくるのです。

キャリア教育には「キャリアン・パスポート」のような個別指導(カウンセリング)と一般的な教科の授業や学校行事等の全体指導(ガイダンス)の両輪が大事になります。尾山台小学校では"今ある宝"を大事にし、両輪を大事にしたキャリア教育の年間指導計画ができあがりました。

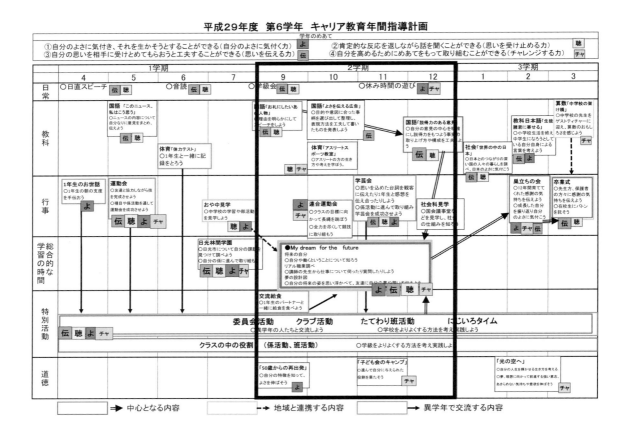

『学習指導要領　第1章 総則　第4 児童の発達の支援　1 生徒の発達を支える指導の充実』には、「特別活動を要としつつ」という新たな表現が用いられています。各教科等の内容の改善においても、キャリア教育に関する資質・能力を培うことを意識した検討を行ったうえで、これまで以上にキャリア教育を学校教育全体で行うという前提のもと、これからの学びや生き方を見通しこれまでの活動を振り返る等、教育活動全体の取組を自己のキャリア形成につなげていくための中核的な時間として、特別活動を位置づけることとなったのです。このことは、特別活動における見方・考え方の「自己実現」の視点からも重要な活動として捉えることができます。

自己の生き方を考える領域は、特別の教科道徳(以下：道徳科)や総合的な学習の時間もその役割を担っています。その中でも特別活動は、自分自身の現在及び未来と直接関わるものであり、集団や他者との関わりを前提として自己を考える等、教科・領域を通して唯一特別活動だけが

目標の中に自分のよさを生かすという「自己実現」の観点を明示してきました。こうした特別活動の特質は小・中・高(等学校)のいずれにおいても大事にしてきたものです。また、高校卒業後に就職し短期間で仕事を辞めた人が、職場での人間関係を離職理由として最も多く挙げているという調査結果もあり、人間関係を直接扱う特別活動にかかる期待は大変大きいと言えます。これまで述べてきたような背景と根拠から、新たな学習指導要領には学級活動「一人一人のキャリア形成と自己実現」を新設することになりました。

　キャリア教育の本来の役割を改めて明確にするためにも、小学校段階から特別活動の中にキャリア教育の視点を入れていくことは重要ですが、小学校の特別活動の中にキャリア教育の視点を入れていくことは、これまで行われていなかった内容を新たに加えていくということではありません。これまでも小学校の学級活動等で行われてきた学習や活動が基礎的・汎用的能力の育成につながっていることを明確にした上で、内容項目のうち例えば、働くことの意義の理解や見通しを持ちながら生活する等、中学校以降のキャリア教育につながっていくものを整理し、そこで育成する資質・能力を整理して再構成するだけでいいのです。

第 **6** 章

おやまち外へ出る

尾山台小学校では、地域に貢献しつつ、未来を担う子どもを地域と一緒に育てたいという思いがありました。

第6章では、尾山台小学校が「社会に開かれた学校」になるために、地域と一緒に取り組んだ活動について詳しく説明します。

おやまちプロジェクト

（1） 地域にも貢献できる関わり方を探して

社会に開かれた教育課程という理念（学習指導要領より）

① 社会や世界の状況を幅広く視野に入れ、よりよい学校教育を通じてよりよい社会を創るという目標をもち、教育課程を介してその目標を社会と共有していくこと

② これからの社会を作り出していく子供たちが、社会や世界に向き合い、関わり合い、自らの人生を切り拓いていくために求められる資質・能力とは何かを、教育課程において明確化し育んでいくこと

③ 教育課程の実施に当たって、地域の人材・物的資源を活用したり、放課後や土曜日等を活用した社会教育との連携を図ったりし、学校教育を学校内に閉じずに、その目指すところを社会と共有・連携しながら実現させること

　学習指導要領に示されている「社会に開かれた学校」を受けて、尾山台小学校では次のように考えました。

視野を広げる

　今までの教育をそのまま続けていくのではなく、子どもたちが大人になるときに必要な教育を行うよう努力すること（2030年には今の職業の約半分はなくなると言われている）

教育課程の中でどのような「内容」を用意することが必要なのか

　今、子どもたちに何を教えればいいのか、どのようなことが必要なのか、何を身に付けさせればいいのか、常に研究していくこと

本校の目標を大切にしながら、地域とどのように共有していくのか

　地域の特性を考えながら、本校が目指すことと地域の願いを融合させることをめざすこと

　尾山台小学校は、平成30年に「地域運営学校」として6年目を迎えました。「開かれた学校」を目指し、学校運営委員会とともにビジョンを作成し、進めてきました。

　協力的な地域に恵まれ、商店街調べ、地域巡り、安全マップ作り等を地域の協力を得て行っています。

　しかし、例年と同じことを繰り返していくだけでは、学校からお願いするだけの一方通行の関係にとどまってしまうのではないかと思い始めました。

地域の状況・地域のニーズ

○産業構造の変化
○IT化等による社会変化の速さ
○地域活性化
○人材不足・後継者不足

学校のニーズ

◇生きる力「確かな学力・豊かな人間性・健康、体力」をはぐくむ
◇確かな学力「知識及び技能」「思考力・判断力・表現力」「学びに向かう力・人間性等」をはぐくむ

　現代の子どもたちが抱えている課題として、「学びに対する興味関心の希薄さ」「体験や経験の少なさ」それに加えて「将来との関連が見えないままでの学び」があります。

　学んできたことが、実際の社会で使えたという経験や、心を揺さぶる体験が現在の子どもたちには必要です。自分の知っている大人が、保護者や学校の先生だけにならず、地域の大人と関わる中で、様々な将来の自己モデルを垣間見ることができる経験は、子どもたちの学びを大きなものにします。地域に支えられて育った子どもたちは自己肯定感が高いという調査結果もあります（平成28年10月28日「第38回教育再生会議実行会議」参考資料2）。

　一方で、地域や商店街には産業構造の変化やIT化に伴う商店の変化や、町会での人材不足等の課題を抱えています。教育課程の中に地域の方々が入ることにより、地域の方々にとっても活性化の一端となればよいと考えました。

　また、生涯学習の考え方からも、子どもたちだけではなく、大人も学び続けていくために、地域の方ご自身の学びの場になる場として、「おやまちプロジェクト」という活動を考えました。

　以下、「おやまちプロジェクト」を始めた経緯を紹介します。

① 「尾山台まちなかゼミナール」まちゼミ開校式（2017/6/21）

　尾山台商店街主催の「尾山台まちなかゼミナール」（商店街の方が講師となるゼミ形式の講座）の「まちゼミ開校式」でご講演された東京都市大学都市生活学部准教授・坂倉杏介先生の「尾山台の未来を考える」というお話を聞いた地域の方から、とてもいいお話だったと内容を伺いました。

　また以前より、本校のPTA会長である尾山台商栄会商店街振興組合の高野雄太さんに「商店街も様変わりしつつある。商店街の未来について今から考えていく必要を感じている」というお話も伺っていました。

　私自身としても、「社会に開かれた教育課程」という新しい考え方に刺激を受け、未来

を担う子どもたちを地域と共に育てたいと考えていました。

　尾山台商店街は学校に協力的で、学校からの願いはよく聞いてくださいますが、現在の関係は、「お願いをする」→「聞いてくださる」の一方通行の関係のようにも思え、商店街にとっても小学校の存在がいいものになりえないかと日頃から考えていたこともあったからです。

　このような様々な思いを形にできないかと、坂倉先生にご相談することにしました。

【様々な方面からの思い】

> **商店街の思い**
>
> ○老舗が多かった尾山台商店街に、チェーン店も増えつつある。
> ○現在のように賑わいのある商店街を保つには、どういう街である必要があるのか。
> ○近くにある大学との連携を始めた。今後どのようなことができるのか。
>
> 【尾山台商栄会商店街振興組合理事　高野雄太】

> **尾山台小学校の思い**
>
> ○商店街は、学校の願いは快く聞いてくださる。商店街調べ等何度でも受け入れてくださる。しかし、一方通行であり、「お願いする」→「受ける」だけの関係に終わっている。
> ○商店街や地域と学校でもっとできることがあるのではないか。現在は、イベント的なことを一緒にするだけの関係で終わっている。
> ○「社会に開かれた教育課程」として外の力をもっと学校内に入れることはできないか。それにはWIN－WINの関係をもつことが必要である。
> ○商店街の未来を考えたときに、未来を創る子どもたちの存在は重要である。地域の力を取り入れながら子どもたちを育てることが必要なのでは。
> ○しっかりとしたビジョンを地域と共にもち、同じ視点をもって子どもたちを育てたい。
>
> 【尾山台小学校校長　渡部理枝】

②　坂倉先生、高野さん、渡部でのブレーンストーミング（2017/6/22）

・中期、長期の計画が必要。
・資金が必要……区の助成金へ応募してみてはどうか。
・意義を理解してもらうために商店街を巻き込んで、まずはイベントをやってみるのはどうか。これがきっかけで、次につながるものを考えたい。
・子どもから大人を巻き込むものがいいかもしれない。

地域の大学の思い

○地域の大学として、地域貢献のために力を尽くすことができる。
○「コミュニティマネジメント研究室」として研究している内容と一致している。
○子どもたちと関わることは学生にもメリットがあると考えている。

【東京都市大学　坂倉杏介先生】

　坂倉先生のお話から、地域と学校が協力して地域貢献にあたることは、地域の大学としてもメリットがあることがわかりました。

　本校は地域運営学校なので、学校運営委員会の議題にも挙げて相談しました。

③　学校運営委員会に提案（2017/7/4）

・地域住民が共存する社会をつくることが必要だろう。
・今後残っていくのは、スーパーで補いきれないもの（こと）を扱う店だろうか。
・老人施設・保育園が増えてきたことを感じる。
・尾山台フェスティバルで活動をPRしてみてはどうだろうか。
・小さくやること→大きくやることにつなげていってはどうだろうか。
　（学校運営委員会……地域住民・卒業生・有識者・就学予定保護者・保護者・校長で構成）

④　プロジェクトメンバー集合（2017/7/13）

　本校の保護者であった慶應義塾大学大学院システムデザイン・マネジメント研究科教授・神武直彦先生にもご来校いただき、ブレーンストーミング的に話し合いを行いました。神武教授には以前より、学校と地域とのつながりのもち方等についてご相談していたこともあり、話し合いはスムーズに進みました。

【慶應義塾大学大学院　神武直彦先生（尾山台小学校　保護者）】
○慶應義塾大学では、システムデザインの考え方に基づく、学校と地域のためのプロジェクト等を多数を行っておりノウハウをもっている。
○横浜市、川崎市の小学校や地域での取組等を実施した実績があるので、その経験に基づいて尾山台小学校の子どもたちへのプログラムを提供できればと考えている。
○未来を創っていく子どもたちに俯瞰的な視点を提供したい。
○テクノロジーやデータを活用した支援ができる。

⑤　理想の形は……

> ○街全体が学びの場になっている。
> ○街中に「Why?」が説明できる教材がある。
> ○街全体が「学校」になっている。
> ○尾山台の歴史・地理から東京の歴史・地理→日本の歴史・地理→世界へ考えが広がるとよい。
> ○小学生の提案が生かされていることを小学生自身が実感できるとよい。
> ○学校の中にとどまらない学びが必要である。
> ○地元に対する理解が深まるものである。
> ○さらに商店街の魅力をつくる。
> ○いつでもそこに行けば誰かがいて、語り合える場所をつくる。
> ○どこかに行けば、宿題ができる。
> ○質問に答えてくれる大人がいる。

　ここまで話し合いを重ねた結論をまとめると、以上のようになります。「このようなまちがつくれたら」と考えることは楽しい作業でもありました。

　キーワードは「つながり」と「学び」です。

　まだまだ形は定まっていませんでしたが、渡部、高野さん、坂倉先生、神武先生の4人が発起人となり、「おやまちプロジェクト」を始動させることにしました。

（2）　とにかくやってみる

　新しいことを始めるとき、ビジョンも決まっておらず、どこから始めればいいのかと不安になることがあると思います。

　私たちが「おやまちプロジェクト」の話し合いを始めたときも、話が広がり過ぎて、何をどのようにという具体案まで出ずにいつも時間切れになっていました。まずは、「地域の方の願いを知る」を第1回の活動の目標に、次に「活動を始めることを地域の方に知っていただく」ことを第2回の目標にしました。そしてとりあえず「やってみる」ことにしました。

　初めからしっかりとビジョンを立てて、次はどうするか、と考えているとどんどん時間だけが過ぎていきます。とりあえずの準備が整ったところで、とにかく始めてみることもひとつの方法かと思います。

(3) 地域資源の活用――大学との連携が大きな力に

このプロジェクトを始めるにあたって大学との連携が大きな力になりました。本校とは大きな通りを隔てた先にある東京都市大学の坂倉准教授や保護者であった慶應義塾大学の神武教授の支援により話は一段と進みました。地域活動の時には、子どもたちをリードしたり、相談にのってくれたりする大学生や大学院生が大きな力になりました。

また、各大学には様々な特徴や資源があります。それに合わせた連携の形を考えることが重要になります。その他にもまちづくり課等行政との連携、地域の私立の学校等との連携も考えられます。

重要なのは、WIN－WINの関係になることです。今回は、「まちづくり」を学ぶ学部だったので、大学生にとっても授業内容と関連した学びにすることができました。WIN－WINの関係になりえないと、活動を続けていくときに無理が生じてしまいます。このようなことも、活動を始めるときの大切なポイントです。

①第1回おやまちワークショップ(2017/8)

地域の方々の理解を得るために、「尾山台の未来を語り合いましょう」をテーマとしてワークショップを行いました。

商店街や地域、行政の方など約30名が集まりました。

まず、立場を越えて共に未来を創るためのワークショップであることをお伝えし、「尾山台の魅力と課題の可視化」「尾山台の魅力を伸ばし、課題を解決するためのアイデア創出」のテーマに関するブレーンストーミングを行いました。

魅力や課題、アイデアを可視化するために対話をすることで、参加者同士の相互理解や、尾山台の未来の可能性や課題の理解が深まり、何か行動してみたいという意見が出てきました。

②第2回おやまちワークショップ（2018/2/27）

　2回目のワークショップでは、より具体的な話し合いになるようにプログラムを組みました。

　この活動の意義を、地域の方にご理解いただくには、どのようにしたらいいのかを考えました。

　尾山台の歴史として、昔の写真を示したところで地域の方々が懐かしそうに昔の話を語ってくださいました。

　ここを切り口に、写真を使ったワークショップ「今昔写真物語——50年の時を超えた撮影会——」を行うことが決まりました。

　今回は、ワークショップを通じてこれから始める活動を地域の方に知らせることがねらいでしたが、今後の活動が見える有意義な話し合いになりました。

③第3回おやまちデザインプロジェクト「今昔写真物語——50年の時を超えた撮影会——」（2018/3）

　地域の方に集めていただいた写真をもとに、現在のその場所の写真を撮影するイベントを行いました。

　午前中にレクチャーをして、午後から調査活動を行いました。東京都市大学の大学生と慶應大学の大学院生のリードでたくさんの写真が集まりました。

··· 174 ···

チーム	大学院生 (SDM)	大学生 (TCU)	地域の方	行き先
A	見城	小田 山崎	石垣	等々力駅〜渓谷
B	周	冨岡 若松	石原	等々力2丁目〜 玉川神社
C	池田	秋元 渡邉	本橋	環八〜宇佐神社・寺
D	与那覇 Naomi	鈴木	吉澤	図書館〜環八 (図書館含む・時間あれば多摩川 方面へ)
E	崔	射和 梅澤	平福（森）	尾山台駅〜図書館 (時間あれば自由通り方面へ)

<チーム担当>
・SDMから一名：GPS受信機を持参し、ルートをGoogleマップ上に可視化
・TCUから一名：スマホで撮影し「スマホdeチェキ」で印刷
・残り一名：スマホの位置情報をONにして撮影し、Googleフォトアルバムを作成しGoogleマップ上に可視化
・地域の方：道案内、昔の尾山台を語る、WS様子を記録、見守りなど

5チームに分かれて調査しました。また、GPSをもって歩き、グループの歩行経路がわかるようにしました。

地域には九品仏浄真寺という大きなお寺があります。この地域の歴史を説明をしていただきました。

尾山台小学校の正門の今と昔です。木製の門に子どもたちは驚き、地域の方たちは「懐かしい！」とおっしゃっていました。

ハッピーロード尾山台の入口です。形が変わっていますが、今も昔も商店街のシンボルです。

Nice Idea！昔の写真を手にもって現在の様子を写真に撮るというアイディアです。移り変わりが分かりやすくなりました。

　グループごとに撮ってきた写真をもとに模造紙にまとめて、地域の様子、変化したところ等を発表しました。

　子どもがいることで、地域の方々も臆することなくどんどん意見を出すことができ盛んな話し合いとなりました。

　うまくいくかどうかわからず始めたデザインプロジェクトでしたが、様々な立場の方々が集まることによりたくさんのアイディアが出て、わくわくする会になりました。
　「とにかく始めてみた」ことでしたが、これからの進め方のヒントがわかり、多くの成果を得ることができました。

④おやまちプロジェクトビジョン作成（2018/3）

　第3回プロジェクトは、子どもたちの中から希望者を集めて、土曜にワークショップとして開催しましたが、2018年度からは教育課程の中に位置付けることにしました。

　これに向けて、これまでの活動をまとめ、これからの活動を見通す「ビジョン」を作成しました。

おやまちプロジェクトのビジョン（2018/3作成）
OYAMACHIプロジェクト
■ビジョン
　尾山台を、垣根を超えた「つながり」と「学び」あふれる地域に！
■ミッション
・垣根を超えた地域のつながりをつくる
・学びを軸にした実験的プログラムに取り組む
・地域の未来を考える場と組織を運営する
■尾山台の課題
・人はいるがつながっていない
・商業のための商店街は先が見えている
・30代以下の世帯が減少している
■地域資源
・キャリア教育が盛んな元気な小学校
・地域を愛する良質で親切な商店街の人と空間
・地元に根ざした大学と大学生
・多様な持ち味をもった住民
■基本的な考え方
→20年後、いまの小学生世代がこのまちで働き、暮らし、子育てをしたいと思えるまちにするため、商業や教育という枠組みを超えて多様な人たちがつながり、世代を超

えた学び合いや、やりたいことを諦めずに実現できる場としての新しい尾山台〈商店街〉を目指す。そのための取組を、いま始める。

■**そのためのアクション**（2018-2019）

０）OYAMACHIプロジェクトのビジョンと推進組織の確立

１）どこでも「学び」プロジェクト　〜小学校×地域で互いに学び合える多様な取組

２）つながるホコ天プロジェクト　〜つながる場としての歩行者天国利用実験

３）つながりと学びの拠点構想〜地域の未来をみんなでつくるリビングラボ型地域創造拠点

■**具体的なアクション**

０）OYAMACHIプロジェクトのビジョンと推進組織の確立

垣根を超えて多様な人が集まり、対話を通じて地域の未来を構想する。プロジェクトのビジョンと推進組織を確立する。

—これまでの取組

・OYAMACHIデザインプロジェクト１（2017/8）

・OYAMACHIデザインプロジェクト２（2018/2）

—今後

・OYAMACHIデザインプロジェクトの継続開催

・〜2018年夏、コアメンバーの確定

・2019年度末、組織化（一般社団法人等を予定）

１）どこでも「学び」プロジェクト　〜小学校×地域で互いに学び合える多様な取組

小学校や大学を中心に地域の様々な人が学び合う取組を実験的に行う。

—これまでの取組

・東京都市大学都市生活学部専門科目「コミュニティマネジメント」との協同（2018.11〜1）

・OYAMACHI今昔写真ワークショップ１（2018年３月）

—今後

・まちゼミへの参加、実験的取組（予定）

・東京都市大学都市生活学部「プロジェクト演習」における「尾山台キャンプ企画」（2018年７月予定）

・小学生サマーワークショップ等での実験的取組（予定）

・OYAMACHI今昔写真ワークショップ＆写真展（2018年８月予定）

２）つながるホコ天プロジェクト　〜つながる場としての歩行者天国利用実験

ホコ天をはじめとした商店街の空間の「つながり」と「学び」の視点からの可能性を探る実験的プロジェクトを行う。

—これまでの取組

・東京都市大学都市生活学部コミュニティマネジメント研究室による「路上ゼミ」（2017/4）

・まちゼミ開講式における公開レクチャー（2017/8）

—今後

・ホコ天実験部（仮称）の設立

・みち遊びやフリーマーケット、路上ゼミ、ビアガーデン等を予定

> 3）つながりと学びの拠点構想
> 　　　～地域の未来をみんなでつくるリビングラボ型地域創造拠点
> 継続的な活動・組織化に向けて、上記活動の中から、日常的に人が集い、情報が集まる場をつくる。将来の「リビングラボ」に向けて、まずは月1回のサロンを実施。
> ―今後
> ・OYAMACHIサロン1　テーマ：地域でつくる授業「放課後アフタースクール」(2018/5)

また、宣伝活動の一環として、地域に「おやまちリーフレット」を配布しました(2018/3)。

広がった活動

（1）おやまちサロン

　おやまちサロンとは、講師をお招きして尾山台地域の中でできることを考える勉強会です。2か月に1回程度開催しています。

　第1回　「地域でつくる放課後とは？」
　講師：放課後NPOアフタースクール代表
　　　　理事：平岩国泰氏

　平岩氏の活動をもとに、地域の多様な人たちでつくる子どもたちの「放課後」にはどのような可能性があるかを語り合いました。

第2回 「SDGs入門トーク」
講師：一般社団法人　think the Earth
　　　笹尾実和子氏

　SDGsについてご講演をいただき、各グループが考える17の目標の順位を発表し合いました。
　地域の中で、地球と世界の未来を考える会になりました。

第3回 「もっとみんながつながるまちへ」
講師：スクール・アドバイス・ネット
　　　ワーク理事長　生重幸恵氏

　「地域・商店街・学校がつながるともっと面白くなる！」をテーマに現在の子どもたちに必要な力や、それを育成するために地域ができることについて話し合いました。

(2) つながるホコ天プロジェクト

　学校のすぐそばの「ハッピーロード商店街」は毎日16時から18時まで歩行者天国になります。おやまちプロジェクトメンバーの東京都市大学の学生を中心にテントを張り、誰もが集える場にするために活動を始めました。

　新しくこの町に転居した私立の小学校に通うお子さんをもつ方が、それまでは図書館と家の往復だけだった毎日だったのに、この場で知り合いをつくり新しい関わりをもつことができるようになったそうです。新しいコミュニティの場ができ、たくさんの可能性に満ちた場となりました。

(3) おやまち子ども食堂

　子ども食堂を開きたいと考えていた障害者相談支援専門員の平福恵津子さんとおやまちサロンで出会い、その思いを実現するためにプロジェクトが立ち上がりました。

　この地域の実態に合わせて、子どもと大人の「孤食」を防ぎ、ふれあいの場にすることにしました。月に1回のペースから始めています。

(4) おやまちベース

　地域の空き家を借りて、実験的に「おやまちベース」始めました。おやまちベースは、様々な願いがある方たちがその実現を目指し、実験的に取り組むことを応援する場です。例えば、お店を開きたいと考えている人が、ベースで開店してみること等を行っています。

　実験的に始めた取組です。今後については話し合いで決めていきます。

… 180 …

（5） 岡山県津山商業との連携活動

　岡山県立津山商業高校は、毎年「津商モール」を開催しています。尾山台小学校では、サマーワークショップで「商い体験」を行っていますが、講師が見つからないままに数年間行ってきました。指導者がいない中で、ねらいがはっきりとしない「商い体験」を何とかしなければと考えていたところでした。

　とある機会に津山商業高校の二木教頭先生と知り合うことができ、今回の尾山台商店街での「商い体験」が実現しました。

　津山商業高校の津商モールの社長1名、副社長2名の3名が講師となり、2019年2月に2日間の商い体験を実施しました。

　地域の方が大勢買いに来てくださり、大盛況のうちに終了することができました。

津山商業高校では、「孫心（まごころ）弁当」として、地域のお年寄りにお弁当を配るという取組も行っています。

大きな力──学校支援地域本部・学校支援コーディネーター

　おやまちの活動は、学校支援コーディネーターの方たちの支援を受けて行っています。
　本校は学校支援地域本部（東京都の施策）に指定されています。地域支援協働本部と呼ぶ地域や他の名称で同じような組織もあります。本校の学校支援地域本部は、4名の学校支援コーディネーターの方たちで構成されています。
　学校支援コーディネーターの大きな仕事は地域と学校とを結ぶ役割です。本校では地域活動の支援の他に、学校の教育課程に位置付けているものでは「茶道体験・衣食住・リアル職業調べ」等の支援を行っています。
　具体的な仕事の内容は、主に5つあります。
・ゲストの方たちへの連絡・調整
・児童への手紙の作成・配布・集計
・当日必要なものの準備・購入
・使い終わったものの整理・収納
・活動報告・会計・会計報告

　学校支援地域本部を立ち上げるときに気を付けることとしては、以下の3点があります。

①リーダーの選択
　リーダーの考え方が、コーディネーターの活動に大きく影響します。臨機応変に考えられる方がいいと思います。
　本部メンバーは、リーダーの方に選んでいただくとうまくいきます。

②とにかくやってみようという意識で始める・どんどん変える意識をもつ
　初めからきっちりとしたものにしようと頑張らないことが大切です。その場に合った動きを考える方がうまくいきます。反省を生かして次回につなげるくらいでいいでしょう。
　また、慣れてきたら、以前に行ったことを踏襲するだけでなく、どんどん改善する意識がもてるとよいです。個々のアイディアが生きる方が、コーディネーターの方たちの活動の意欲となります。

③ずっと同じ方にお願いしようと考えない・期間を決めてお願いする
　期間を決めておかないと、辞め時がわからず負担になることがあります。1年間、2年間等と期間を決めておくと、「1年だけなら」と考えて参加してくださるもいます。組織の活性化のためにも、期間を決めてどんどん新しい方へつないでいく意識をもつ方がうまくいきます。

社会に開かれた教育課程

長田徹 解説

　接続答申以来、文部科学省では、平成17年度に産学官の連携による職場体験活動・インターンシップの推進のためのシステムづくりを目指した「キャリア教育実践プロジェクト」を開始し、中学校を中心に5日間の職場体験活動を推奨した「キャリア・スタート・ウィーク」事業をその中核に据えました。このモデルとなったのが、兵庫県内のすべての中学校で実施されていた5日間程度の社会体験活動「トライやる・ウィーク」です。

　この「キャリア・スタート・ウィーク」事業において各都道府県や市町村区のモデル校及び地域では職場体験活動の推進や充実の実現はもとより、この活動を支えるために「知事（首長）部局と教育委員会」「商工会議所と校長会」「学校と地域（商店）」等の新たな連携・協働が進んだことも忘れてはなりません。兵庫県や京都市にこの好例を見ることができます。これまでも地域素材を教材に取り入れたり、地域住民と交流したりする活動を文化としてきた小学校においては、キャリア教育の推進により「学校支援地域本部」や「コミュニティースクール（学校運営協議会）」等の設置と関与が進み、「地域とともにある学校」づくりに推進力が生まれました。仙台市立榴ヶ岡小学校区や川崎市立苅宿小学校区等は顕著な例です。そして、尾山台小学校も「学校支援地域本部」を窓口にキャリア教育が展開されていきました。

　学習指導要領の総則には、「学校運営上の留意事項」について、以下のように示されました。

【第1章 総則　第5 学校運営上の留意事項　2 家庭や地域社会との連携及び協働と学校間の連携】

> ア　学校がその目的を達成するため、学校や地域の実態等に応じ、教育活動の実施に必要な人的又は物的な体制を家庭や地域の人々の協力を得ながら整えるなど、家庭や地域社会との連携及び協働を深めること。また、高齢者や異年齢の子供など、地域における世代を越えた交流の機会を設けること。

　平成28年答申には社会とのつながりや、各学校の特色づくりに向けた課題を以下のようにしています。

> また、学校教育に「外の風」、すなわち、変化する社会の動きを取り込み、世の中と結び付いた授業等を通じて、子供たちがこれからの人生を前向きに考えていけるようにすることや、発達の段階に応じて積み重ねていく学びの中で、地域や社会と関わり、様々な職業に出会い、社会的・職業的自立に向けた学びを積み重ねていくことが、これからの学びの鍵となる。

　しかし、「体験活動さえすればキャリア教育である」のような誤解が生じたことはこれまでも触れてきた通りです。言い換えれば、目的と手段が入れ違ってしまったわけです。社会に開か

れた教育課程の編成も同様で、学校教育を社会に開くことはもちろん大切です。しかし、開くことが目的なのでしょうか。その段階はすでに終えており、児童に身に付けさせたい資質・能力の育成に向けて必要だからこその連携・協働ではないでしょうか。

　連携授業が教科横断型で持続可能なものになっている学校は、「なぜ連携・協働が必要なのか」を学校内外の関係者が答えられるようになっています。ひとつの例ですが、今日の厳しい社会の中でも、活力ある地域の構築に奮闘する人との出会いの重要性を掲げている小学校があります。「こんな仕事があるんだな、こんな役割があるんだな、こんなすごい人がいる地域なんだ」「この人がこんなに精力を傾けるだけの価値ある地域なんだ」と発見させたい、と。

　また、仕事・役割・大人・文化との触れ合いが児童の不安解消、学習意欲向上につながると仮説を立てている小学校もあります。異年齢交流により同年齢での活動では体得できない自己有用感の醸成を目指したり、紙面や画像からでは伝わらないリアルな生きる姿や、社会を支える多様な役割のあり方を見せては、児童自らが自己変容を振り返ったりする小学校もあります。

『商工会議所キャリア教育活動白書』（日本商工会議所、2013年）では、学校と企業のすれ違いが明らかになっています。中学校にとっての職場体験活動の課題の第1位は「受け入れ先の開拓や連絡……74％」だったのに対し、企業にとっての教育支援・協力活動を実施していない理由の第1位は「学校からの依頼がない……52％」で、互いに「むずかしいだろう」「迷惑だろう」と想像するあまり、直接的なコンタクトに至っていないことも予測されます。

「教育に貢献したい」「学校に関わってみたい」と考える企業や団体、地域住民の思いを知ること、そして学校の思いや悩みを企業や団体、地域住民に知ってもらうことから「社会に開かれた教育課程」の編成は始まります。学習指導要領は、そういった思いの共有が、これからの教育課程の編成・実施・評価・改善の確かな支えになることを描いてもいます。

　とはいっても、学校は忙しい。また、学校における時間の流れが企業や団体と異なることも事実です。一般的に児童が学校にいる間に外部と連絡をとったり、調整したりすることは簡単ではありません。さらには、メールの活用等においてもその環境差が大きいことは事実です。

　そんな中で、尾山台小学校には学校と地域住民や外部人材をつなぎたいとその役割を買って出てくださる方がいました。地域によっては、地域教育コーディネーターや学校支援コーディネーターと呼ばれています。また、経済産業省の支援により一定の講座を受講し、資格をもつキャリア教育コーディネーターも存在します。

　学習指導要領は、こういったコーディネーターと思いを共有し、協働することが、これからの学校教育の業務改善や働き方改革の大きな助けになることを描いています。

第7章

全国の先生方へ

尾山台小学校の教職員たちは、「キャリア教育」という新しい考え方に戸惑いながらも、積極的に研究・実践を重ねました。

第7章では、尾山台小学校の教職員から本書をお読みの全国の先生方へ、現場の視点から感じたこと、考えたことをお伝えします。

キャリア教育を推進して

平成27〜29年度研究推進委員長　白石 香澄

（1）　キャリア教育って分かりにくい！？

　尾山台小学校で3年間キャリア教育を推進してきました。初めのうち強く感じていたことは、「キャリア教育は、どのような教育なのか、どのように進めればよいのかが、分かりにくい！」ということです。講師の先生方のお話を伺い、実践を重ねる中でも、幾度となく「私たちがやっていることはキャリア教育と言えるのだろうか？」と悩みました。

　少しずつ分かってきたのは、2年目が終わろうとしていた頃です（遅い！）。

（2）　キャリア教育はつまりどんな教育なのか

　本校のキャリア教育目標の中には、「思いを伝える」「チャレンジする」等、他の研究テーマでもよく見られる目標があります。一つ一つの目標だけを見ると、キャリア教育だとは分かりません。

　では、キャリア教育はどんな教育なのか…、既に述べられていますが、一言で言うと、**「つなぐ教育」**です。

子どもたちの実態から定めた**キャリア教育目標を目指しながら、**

- ・今の学びと将来
- ・既習事項と今の学び
- ・教科と教科、教科と行事
- ・学級内の子どもたち、学年を超えた子どもたち
- ・学校の子どもたちと学校の外の世界の人たち

　…をつなぐことで、学びの「役立ち感」に気付かせる、

　　これがキャリア教育です。

　私たち教師は、教育活動全体を見渡し、様々なつながりを意識することで学びの価値を再認識し、子どもたちに伝えます。子どもたちは、「勉強したことがこんな風に役に立つんだ」と学ぶ意義や面白さを感じ、広い視野をもって意欲的に学びます。このような**「つなぐ教育」**を学校全体で続けることで、子どもたちに、生涯にわたって学び続け、社会で力を発揮しようとする意欲をもたせる、これがキャリア教育の目指すゴールです。

（2）　キャリア教育はどのように進めればよいのか

　これからキャリア教育を始める方にとって、少しでも参考になるよう、尾山台小学校のキャリア教育スタート1年目を時系列でご紹介します。

【尾山台小学校キャリア教育研究1年目】

	全　　体	プロジェクトチーム
1学期	★**講師による講演**「キャリア教育とは何か」 実態調査① ●児童の実態について話し合い、研究主題・身に付けさせたい力を検討 「尾山台の子どもたちをどんな姿で卒業させたいか」 ★**講師による講演**「キャリア教育の進め方」 ★**講師による講演**「年間指導計画の作り方」 年間指導計画の作り方確認	プロジェクトチーム発足 各プロジェクトチームの取組検討 **異学年交流チーム** にじいろタイム提案 **地域との連携チーム** キャリアンワッペン提案
夏休み	●各学年のキャリア教育目標を検討・調整 ●各学年で年間指導計画作り　→　拡大・掲示	**環境チーム** 各教室の掲示物作成
2学期	キャリア教育目標・年間指導計画のもと、授業を進める。 研究授業① 研究授業② ★**講師を招いて質問会**	**アクティブ・ラーニングチーム** 主体的・対話的な授業実践紹介
3学期	研究授業③ 実態調査② 年間指導計画の振り返り 今年度の成果と課題まとめ　来年度に向けた話し合い	

★：1学期には、講師の先生を3回招き、キャリア教育について学びました。

●：同時に、子どもたちの実態や身に付けさせたい力・年間指導計画について話し合う時間を多く取りました。

研究主題・身に付けさせたい力 各学年のキャリア教育目標 各学年の年間指導計画	→	これらが決まれば、準備OKです。この後は、教師も子どもも、キャリア教育目標と年間指導計画を意識しながら日々の学習を進めていけば、もうキャリア教育はスタートしています！

次に、キャリア教育を進める上で大切だったと感じたことをいくつかご紹介します。

ポイント①
キャリア教育目標や年間指導計画は、大人も子どもも毎日見えるところに掲示

　子どもたちの実態から設定したキャリア教育目標、そして、「つながり」を意識して作った年間指導計画は、教室の前面や廊下等、目立つ位置に掲示して、教師・子ども・保護者が、毎日意識できるようにしました。

各教室のキャリア教育目標

　上の写真のように、教室の黒板の上にキャリア教育目標を掲示し、授業の中で、教科の目標とつながるキャリア教育目標を教師が指し示して、意識させました。キャリアンが「何につながる？」と問いかける掲示物も使い、目標以外にも様々なつながりについて気付かせたり考えさせたりしました。

　始めのうちは、教師が目標を指し示していましたが、私たちが考えていた以上に、子どもたちにとって目の前のキャリア教育目標は意識しやすいものだったようで、次第に、子どもたちの方から「先生、今日の勉強は伝えるだね！」「ぼくは話すのが苦手だから、ぼくにとってはチャレンジだな」と、目標を指さしながら意識するようになってきました。

　こうなってくると、日々の授業でキャリア教育を進めるのはとてもスムーズになります。キャリア教育目標が合言葉のように子どもたちに浸透し、子どもたちが自ら教科の目標とキャリア教育目標をつなげて意識するのです。あとは、子どもたちが自分で気付くことのできなかったつながりについてだけ気付かせてあげればよいのです。

各学年の年間指導計画 →

子どもたちや保護者の方が眺め、これからの学習を楽しみにしたり、学びのつながりに気付いたりしていました。

··· 188 ···

ポイント②
先生方のアイディアを実現する組織を

　本校では、1年目に4つ、2年目に5つの**プロジェクトチーム**を設け、先生方全員がいずれかのチームに所属しました。それぞれのチームで話し合うことで、研究推進委員だけでは思いつかなかった様々な取組が提案され実現しました。いくつかご紹介します。

地域との連携チーム

　本校のキャラクター「キャリアン」を描いたソフトワッペンを作成。お世話になった地域の方にお渡しして、身に着けていただくことにしました。

学級経営の充実チーム

　子どもたち同士のつながりを充実させるために、遊び道具を増やして遊びの活性化を提案。また、日常の振り返りカードを作成し、子どもたちに日々、キャリア教育目標を意識させると共に、担任の児童理解や学級経営の助けにしました。

環境チーム

　前ページでご紹介したキャリア教育目標等の掲示物を作成。研究イメージ図のアイディアも、このチームから出されました。

　上記以外にも、**異学年交流チーム**から「にじいろタイム」(きょうだい学年のパートナーと遊ぶ休み時間)の提案、**アクティブ・ラーニングチーム**から「キャリアン・パスポート」の提案等が出されました。

　このように、学校中の先生方のアイディアやセンス、経験、思い……それらを生かして研究を充実させることができたのは、**プロジェクトチーム**という組織があったからだと思います。
　また、色々な角度から学校を見つめることのできるこの組織は、学校の教育活動全体に関わるキャリア教育に合っていたのではないかと感じています。

ポイント③
子どもの変化に敏感に

　始めに書いたように、キャリア教育を始めて1、2年は「キャリア教育とはこういうものだ」という確信がもてず、本校のキャリア教育は効果が上がっているのか、これが正しい取り組み方なのか、と自信のない面がありました。

　はっきりと効果を感じられるようになったのは、目の前にいる自分のクラスの子どもたちが変わったと感じたときでした。

(3) 振り返りカードの言葉から

　下の振り返りカードは、前ページで紹介した「学級経営の充実チーム」が提案したものです。毎週、キャリア教育目標の中から、自分に合った目標を選び、具体的な目標を書きます。1週間後に振り返りを書き、担任はコメントを書いて返します。

　これは、1年生のある女の子の振り返りカードです。

11／7	翌週	翌々週

彼女は、「**伝える**」の目標として次のように書いていました。

11／7の週
　　「恥ずかしがらずに手を挙げて言う」
翌週
　　「いつも手を挙げて自分の言いたいことを言う」
翌々週
　　「恥ずかしがらずに緊張しないで言う」

　彼女は一貫して「授業で発言すること」を「**伝える**」の目標とし、その目標に向かって努力していました。私は担任として彼女の目標を知り、毎時間、授業の中で彼女の様子を気にかけていました。彼女が緊張した様子で手を挙げると、私は心の中で「頑張れ！」と応援しながら指名しました。そして、振り返りカードに「よく頑張ったね！」と努力を称えるコメントを書き、直接伝えながら手渡ししました。

　このように子どもたちが、キャリア教育目標を自分の目標とし、「こういう自分になりたい」と、日々の授業で意識して努力する姿を見ると、この研究をやってよかったと感じました。もちろん、振り返りカードを毎週書かせることや、コメントを書くことに時間はかかります。ですが、それ以上に得るものがあったと感じています。

（4） 子どもたちのつぶやきから

　異学年交流や地域の方との交流、行事等を通して、子どもたちは様々な表情や態度を見せます。「６年の○○さんってね、優しくてかっこいいんだよ。」「こまを教えてくれた○○さんにまた会いたいな。」と上学年からのよい刺激や地域の方の温かさを実感している様子、既習の学習を生かし目標をもって取り組んだ行事への充実感や達成感、そんな子どもたちの表情やつぶやきからも、取組の手ごたえを感じることができました。

　また、「キャリアン・パスポート」に１年間の目標や学期の目標を書きながら「なんだか、将来が楽しみになってきたあ。」とつぶやく子や、「フレー！ フレー！ わたし！」と書く子、「キャリアン・パスポート」を振り返って「私の"本"みたい。嬉しいな。」とつぶやく子……。そんな風につぶやきながら、生き生きと頑張る子どもたちの姿は、何より私を嬉しくさせました。

　子どもたちの変容は、アンケートによる意識調査でも見取りますが、こうした日々の子どもたちの変化に敏感に気付くことが大切だと思います。よい変化を感じ取ることで、自信をもってキャリア教育を進めることができますし、逆によくない反応があれば、何が問題なのかを検討し改善することができます。

きっとある　きっともうしてるはず
自分だからできること

研究推進委員　管野　弥沙

（1）　出会い

　キャリア教育との出会いは2016年、本校に赴任した時。この年はキャリア教育の研究発表の年でした。「教育現場は、キャリア教育、アクティブ・ラーニング……と横文字が多くなったな。」と２年半の育休明けでいわゆる浦島太郎気分を味わいました。ですが研究発表を控え、否が応でもキャリア教育について勉強せざるを得ない状況となりました。

（2）　百聞は一見に如かず

　幸いに、校長、推進委員長、学年の先生方、講師の先生方がとても丁寧にキャリア教育について教えてくださいました。本校では長田徹先生、藤田晃之先生、立石慎治先生（国立教育政策研究所・高等教育研究部主任研究官）等キャリア教育の立役者の先生方による講演の機会に恵まれていました。だからこそ、キャリア教育が自分の中にすっと入ってきたのかもしれません。全国にもそういった講演会や関連する本、ホームページがたくさんあります。特に皆から厚い支持を受けているのが、文部科学省のキャリア教育についてのページです。また、子ども向けの「キャリア教育って何」という内容の本もとても分かりやすいです。それらは本当によい参考になります。

　そして本校では先輩方がたくさんの授業実践を見せてくださいました。年間７本もキャリア教育の授業を見せていただけるなんて本当にすごいと思いました。授業実践を見させていただくことで、教えていただいたことが「なるほど」となんとなく腹に落ちてきました。本校も他の地域に視察に行くことがありますが、本校にもたくさんの方が授業を見に来ます。その理由がよく分かります。イメージするだけでなく、実際に見ることでよりキャリア教育の本質に焦点が合ってくるのです。

（3）　百見は一考に如かず

　本校の実践の中で何より感激したのがキャリア教育の年間指導計画です。これにより、他教科との関連やそこで付けたい力が明確になりました。今までは教科ごと、単元ごとの意識が強かったのですが、全教科を通して子どもたちに付けさせたい力を見て、つながりを考え始めるようになりました。また、年間の見通しや教科や行事とのつながりがもてるようになりました。そして、キャリア教育を通して子どもたちが学びと学びのつながり、人や地域とのつながりを感じてもらいたいと思うようになりました。そういった授業をつくっていこうと道徳、国語、生活を中心に指導案作りを学年で行いました。何となくわかったつもりのキャリア教育ですが、指導案を作っていると「これはキャリア教育といえるのか」と悩みが生じました。そんな時に迷った自分を導いてくれたのは、校長や研推委員長、そして講師の先生方でした。キャリア教育を推進する方々からの助言や励ましで、これはキャリア教育だと少しずつ自信がついてきました。分からないなりにも指導案検討会や協議会では、必ず発言をするようにしました。それが見当はずれなことだったとしても自分事として考えてみることで、より腹に落ちてきます。様々な意見が出ることで、新しい見方や課題に対する突破口が見えてきます。そして、それを議論することで授業研究がどんどん深まってきます。だから本校の事例も、これはうちの学校には違うと思うこともあるかもしれませんが、ここをこんな風に変えたらうちの子どもたちに合っている、自分だっ

たらこうしてみたいといった目線で考えていただけたらありがたいです。そしてそれをぜひ、学年で、同じ教科の先生で、校内で、検討する会を設けてほしいです。

（4）　百考は一行に如かず

　プロジェクトチームでのアクティブ・ラーニングの実践、研究発表会等の授業実践を行いました。初めはこれがキャリア教育といえるのだろうかと悩んでいることが多かったのですが、授業を行っていく中で腹に落ちてきたことが身になってきました。2年目には、キャリア年間指導計画を見直して、重点をおきたい活動も出てきました。カリキュラムマネジメントができるようになってきたのです。いざ動いてみると課題も分かってきます。また次にやりたいことも浮かんできます。だからまずは、自分の得意教科、重点をおいている活動、特に子どもに付けさせたい力等、何かひとつのことでもよいので指導計画を作り、授業を実践してほしいです。

（5）　百行は一果に如かず

　研究発表の数か月前、藤田先生に指導案を見ていただきました。全クラスの指導案を丁寧に見ていただき、価値付けをしてくださいました。その価値付け通り、授業を通して子どもに地域の方への尊敬と愛着、自然への畏敬の念が芽生えてきました。子どもたちの成長が様々な場面で見られるようになってきました。いくら授業をしても子どもの成長が見られなければ意味がありません。常に忘れてはいけないのが、子どもたちの目指す姿を中心におき活動を考えることです。

（6）　百果は一幸に如かず

　キャリア研究を進めていくと、子どもたちの成長を様々な場面で見られるようになりました。前の章で述べた「えがおのひみつ探検隊」もそのひとつです。目の前の子どもたちが成長していく姿を見られることは教師冥利に尽きます。キャリア教育には子どもたちを変える力があるのです。子どもたちの変化にやりがいを感じ、さらにキャリア教育を学んでいこうという意識が高まりました。

（7）　百幸は一皇に如かず

　もともと協力的な保護者の方や地域の方ですが、子どもたちが成長することでより協力的に、より親しい関係を築けるようになりました。子どもたちの楽しんで学ぶ姿、一生懸命取り組む姿、成長する姿は大人の心を強く動かす力があります。だから、自分のクラスだけでなく学年で取り組み、学年だけでなく学校で取り組み、学校だけでなく地域や保護者と取り組む。自分だけでなく、学年の先生、学校の先生、地域の方、保護者の方と一緒に取り組めたら、それは何万倍もの力になります。こういった連携は、皆の喜びにもきっと繋がります。連携を重視し、私が去年から行っているのは、本校の若葉の会（若手教員の会）での授業検討会です。新任の教員を対象に、それぞれが教えるのが難しいと思っている教科や得意としている教科等、自分が研究してみたいと思う授業を自由に選択してもらい、夏休みの時期を利用し授業検討会を行っています。若葉のメンバーで話すと相談しやすく、こうしたらどうだろうという意見が出しやすいという利点があります。そして、検討した授業を2学期以降、校内の先生方にも知らせ、有志で見ていただき、授業の協議会を行っています。本校の先生方は本当に熱心で温かく、この協議会にもたくさんの方々が出席し、助言や感想を言ってくださいます。また、自分自身が区内の指導教諭の授業を

見て、そこでの学びを生かして授業づくりをし、若葉の会に公開しています。放課後には授業について議論する会を設けています。若葉の会の他のメンバーも自分の専門教科で授業を公開しています。自分の研究教科を生かして授業を見せるというのは、自分自身にとっても見る側にとってもよい刺激となります。こういった会からも尾山台のチームワークのよさが感じられます。若手教員にとって日々忙しい先輩方に質問するというのは、少し遠慮してしまうところがあります。その中継ぎとして、中堅教員が若手の悩みや願いを大切に、授業づくりを通して相談しやすい環境づくりをしていきたいです。また、そこから校内の先生方に発信することで、皆で学び合い、高め合う雰囲気を活性化していきたいです。

（8）　そしてつながる

　キャリア教育を進めてきて、異学年の交流を通して、他学年の先生、中学校の先生とつながりが密になりました。地域の方ともつながることができたし、学区域である尾山台の地域がさらに好きになりました。

　さらに、キャリア教育を進めることで様々な研修に興味がわき、様々な地域の方ともつながることができました。そのきっかけは平成30年9月、富山のキャリア教育指導者研修です。そこでキャリア教育を推進する全国の様々な方とキャリア教育について語ったり、考えたり、教えていただいたりしました。いろいろな校種、職種の先生方と話すうえでコミュニケーション能力や調整力が大事であると感じました。皆の思いや願いをひとつにするのは、労力や時間がかかります。ですが、お互いの考えのよさや課題を見て、すり合わせていくことでよりよいものができてくるのです。仲間の中には、キャリア・パスポートを皆が理解し、活用していくために説明会を開いたり、自分の専門の教科に誇りをもち、それをどう子どもたちにキャリアとつなげて教えていくか考えていたり、地域とつながる教育のために様々な企業の開拓をしたり、若手教員、中堅教員、管理職等さまざまな立場の方にキャリア教育を推進していくための研修をしたり……。全国にこんなにも仲間がいるというのは本当によい刺激となりました。また本校にはない新たな視点、考え方ができるよい機会となりました。またこのつながりを機に、どんどん他の方とのつながりもできてきました。

　キャリア教育には人とのつながりを広く濃くする魔法の力がある気がします。

（9）　大丈夫

　キャリア教育初心者だった私が、今こうしてキャリア教育をさらに進めていこうと思っているのは、子どもたちの成長を実感できたから、自分自身の教師としての成長を実感できたからです。また、キャリア教育を推進する仲間に恥じない自分でありたいと思ったからです。これからも目の前の子ども、一緒にキャリア教育を推進する本校の仲間、全国の仲間たちとともに、学びが将来へとつながり、いろいろな人ともつながっていくことの実感できるキャリア教育を行っていきたいです。

　何もわからなかった私でもこんなに変わりました。だから大丈夫。一教員でもできることがたくさんあります。聞いて、見て、考えて、行動して……。その先は、きっと子どもたちの成長につながっています。そしてそれは先生自身の成長、子どもたちをとりまく周りの大人を変えるきっかけとなるはずです。そう信じて私はこれからもキャリア教育を進めます。きっと皆さんがしている教育の中にもキャリア教育になりうる宝がたくさん眠っているはずです。だからあなたも、一緒に頑張りましょう！

ICT教育

研究推進委員　秋嶺 創大

　2020年から、小学校にもプログラミング教育が導入される予定となっています。実際、これからの時代、どの職業に就くとしても情報処理能力は必須になってくると、テレビや新聞等で聞いたことのある方も多いと思います。また、10～20年後には今ある職業の49パーセントはなくなり、これからの子どもたちは今までにはなかった新しい仕事に就く。そんな時代がやってくると言われています。そんな、これからの情報化社会を生き抜く子どもたちにとって、プログラミング的思考を身に付けたり、ICT機器を活用しながら学習を行っていったりするのは当然のことであると考えられています。そして、それらを子どもたちに教えていく教員にも、ICTの活用技術が求められています。

　尾山台小学校には、各教室に大型テレビ、実物投影機、DVDデッキが設置されていて、担任には一台ずつタブレットPCが配布されています。さらに、児童用としてタブレットPCが約40台あります。このように、ICT機器を扱いながら授業を行っていく環境はある程度整えられています。これらの機器を使いこなして、より授業をわかりやすくしていったり、子どもたちに使い方を教えていったりするために、尾山台小学校ではICT機器を「標準装備」として位置付け、積極的に授業に取り入れていくことにしました。

　しかし、「操作の仕方が難しい」「準備が大変だ」という声や、「活用の場面がわからない」「ICT機器を使うとどんなことができるのかがよく分からない」と、なかなか積極的な活用にはつながっていきませんでした。

　そこで、まずはこれらの機器がどんな道具で、何ができるものなのかを全員が理解する必要を感じ、ICT機器を活用するためのOJTを行いました。大型テレビと実物投影機の接続の仕方から始まり、タブレットPCでのインターネットの接続方法等、基本のことから全体で確認していきました。実際の授業での使用例を示すことで、どんな場面で有効なのかを全体で考えることもしてきました。さらに、PCでの文書の作り方のコツや、プレゼンテーションソフトを活用しての発表のやり方等、児童に指導をする際にはどのようにすればいいのかを話し合ったり、プログラミングを実際に体験するワークショップを行ったりする等、より具体的な実践方法についての研修も行いました。特にプログラミング体験は、「この学習から子どもたちにどのようなことを身に付けさせればいいのか」「授業の中

でどのように活用していけばいいのか」を互いに話し合って考えることができたのが、教員にとってとてもよい学びになりました。

　それから、OJTで得た学びを児童への指導に生かそうと、教員が徐々に積極的にICT機器の活用を始めていきました。まずは、1日1回、児童のノートを拡大して提示してみたり、鍵盤ハーモニカの指導で指の動かし方を大きく見せたりする等、少しずつ活用していこうという機運が広がっていきました。ICT機器を活用することで、子どもにとっても分かりやすい授業になると実感を伴って使うことができていたのだと思います。

　さらに、調べ学習を行わせるときには、ただインターネットを使って調べるのではなく、どんなサイトに有効な情報が載っているのかの情報を教員のタブレットから児童のタブレットに送信したり、課題となるファイルを児童のタブレットに送り、それを今度は提出させたりと、OJTで学んだこと以上の機能を活用できる教員も出てきました。ICT機器を活用するよさを教員が実感しながら授業を行えるようになってきています。

　高学年では、プレゼンテーションソフトを活用して自分で発表用のファイルを作り、それを使って発表をする等、児童も多くの場面でICT機器に触れる機会が増えています。今後はより一層のICT機器の充実を図りながら、その活用法をどんどん広めていき、一人でも多くの児童がその素晴らしさにふれ、小学校で学習した知識をこれからの人生につなげていってほしいと願っています。

尾山台小学校の研究推進委員長として

平成30年度研究推進委員長
関根 史朗

　本校では、これまでキャリア教育に取り組んできた中で、キャリア教育年間指導計画の作成、キャリアパスポートの実施、全教科領域におけるキャリア教育の実施等、特色ある取組を行ってきました。それらをさらに発展させることが、尾山台小学校の研究推進委員長として、最も意識してきたことです。

（1）　教職員の意識統一のために

　4月当初、異動してきた先生方や若手教員に向けた研究全体会を行いました。私も、異動してきた当初はキャリア教育という言葉になじめず、どんなことを研究しているのかなかなか理解できなかったので、最初の研究全体会は、教職員が意識を統一して研究に向かうためにも、なんとしても成功させなくてはならないと意気込みました。そこで、「なぜ、今キャリア教育に取り組むのか」という時代背景をプレゼンテーションに取り入れて、研究の方向性に説得力をもたせることにしました。また、これまで取り組んできた特色ある取組であるキャリア教育年間指導計画の作成や、キャリアパスポートの継続的運用について、それがいかに価値のあることか、力説しました。異動してきた先生からは、「とてもわかりやすかった」との言葉をいただき、順調なスタートを切ることができました。

（2）　キャリア教育年間指導計画の作成

　次に行ったことは、キャリア教育年間指導計画の作成です。4月後半から5月にかけての時期は、運動会の準備期間と重なっているため、なかなかに忙しいです。そのため、教務と相談して、作業をする時間を確保する工夫をしました。作業する内容だけが決まっていて、そのために使う時間が確保されていなければ、多忙感は増すばかりです。なので、こういった工夫は不可欠であると思います。学年ごとに集まって、昨年度の実践事例と今年度の児童の実態を照らし合わせながら、今年度のキャリア教育年間指導計画を作成してもらいました。先生方の思いや願いによって、指導計画上に表記される教科や単元がガラッと変わることがあるのが、この作業の面白いところです。こうして、それぞれの学年で、育てたい資質・能力を明確にした指導計画が完成しました。

（3）　キャリア・パスポートの運用

　キャリア・パスポートは、本校では平成30年度で2年目の取組です。子どもたちが、学んだことを自己の将来と結び付けて考えるために、とても大切な取組であり、今後も継続的に運用することで、成果と課題を分析し、よりよい実践にしていかなくてはなりません。そのためには、全学年全学級で、等しく実践されていく必要があります。まずは、前述のキャリア教育年間指導計画の中に、キャリア・パスポートを更新する時期を明確に位置付けま

した。こうすることで、全校共通の取組であるということの見える化を図りました。次に、更新の時期が近づいたら、しつこいくらいに呼びかけをしました。様々な考え方をもつ教職員が共通の取組をしていくためには、見える化と周知徹底が必要でした。また、キャリア・パスポートに関する授業をする際は、年間指導計画を子どもたちに示して、今までの学びがどのようにつながっているのか考えさせる取組も呼びかけました。こういった指導計画は、往々にして「絵に描いた餅」状態になってしまうことがあります。活用する場面を作り出すことで、生きた指導計画になるように工夫をしました。

(4)　日々の実践での変化

　こうして研究を推進する中で、自分自身の実践の面でも、意識が変わりました。ひとつは、キャリア・パスポートについてです。キャリア・パスポートの意義について深く理解し、納得して指導に当たることができたので、子どもたちが決めた目標や振り返りの文章に対して、的確なコメントを書き込めるようになりました。例えば、自分のよさについて自覚が浅い子どもに対しては、その子の気付いていないよさについてコメントし、もっと積極的に挑戦し可能性を広げてほしいと感じている子どもに対しては、新たな一歩を踏み出せるような応援コメントを残しました。すると、その後の子どもたちの目標の決め方が、目に見えて変わっていくのがわかりました。以前は、「ただの」肯定的な言葉だったものが、コメントをもらう子どもにとって意味のあるものになったのでしょう。また、各教科の授業において、「今学んでいることによって、どんな力が身に付くのか」ということについて繰り返し話をしたり、道徳科や学級活動、総合的な学習の時間で自己の将来について考える時間を多く確保したりしたことで、子どもたちの意識が明らかに変わっていきました。平成30年度は６年生を担任したのですが、多くの子どもが、卒業文集のテーマに自分の将来のことを選び、中には、「小学校時代に、これからの人生の基礎となる力を身に付けることができた」という記述も見ることができました。これらは、キャリア教育に一生懸命に取り組んできた成果であると言えます。このように、キャリア教育に取り組んできたことで、教師が変われば子どもが変わる、ということを、身をもって実感することができました。

第 8 章

全国の校長先生へ

　全校で一丸となってキャリア教育を推進するには、校長の理解・先導が不可欠です。

　第 8 章では、尾山台小学校校長から本書をお読みの全国の校長先生へ、管理職の立場からキャリア教育の推進にあたって力を入れたこと等をお伝えします。

チームの力で、本気で取り組むために

校長　渡部 理枝

　キャリア教育を始めるにあたって、大切にしたのは「教職員が本気で取り組む研究にしたい」ということでした。

　校長だけが一生懸命で、校長が転任になってすぐにその研究をやめてしまったという学校や、研究主任等の数名が積極的に推進し、他の教員はなるべく省エネで済ませようという学校の話を聞いたことがあります。

　本校の子どもたちの課題を解決しようと考えて始めた研究なので、直接指導する教職員がやる気をもち、本気で取り組まなければ意味がありません。また、この研究は教職員が意欲をもてば、成果が上がると確信もしていました。

（1）　教師集団としての小学校教職員

　世田谷区では、全小学校の３年生以上の子どもたちにＱ－Ｕテストを行っています。

　子どものテストの結果では、「親和型」が理想だとされています。この理想の形では、自主・向上性が高くなっています。

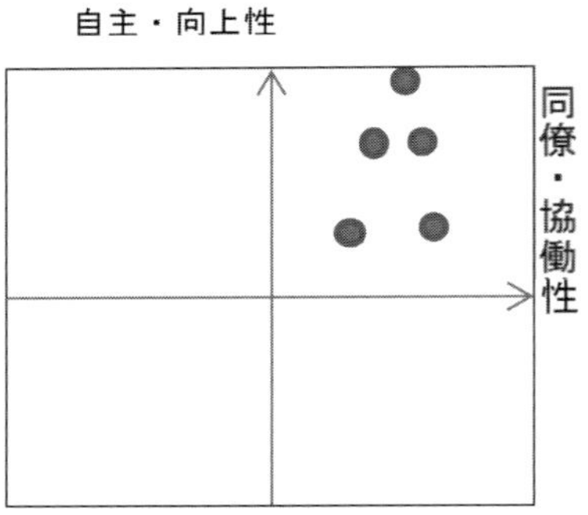

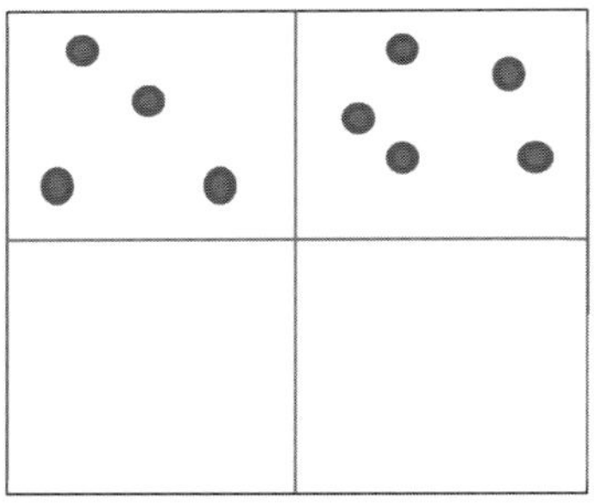

　これと同じことが教職員でも言えると考えました。

　今までの経験から、小学校の教職員の集団ではみんな仲がよく、支え合う親和型の集団になっていることが多いように感じます。

　しかし、下図のように、自主、向上性は高いのですが、同僚、協働性に温度差がある「ゆるみ型」の場合があります。

　新しいことを始めるときには、人によって取り組み方に差があり、一生懸命に取り組む人と、そうでない人がいるこの型の組織では、活動がしにくいと感じます。

> ① 目標の共有化がされていない
> ② 目標達成する方法論が、各自に任されている
> ③ 教員同士の関係は穏やかだが、切磋琢磨が少ない
> ④ 大きな問題が起きていないので、現状でよしとする雰囲気がある
>
> （河村茂雄『学校管理職が進める教員組織づくり』図書文化社、2017年より）

　このようなことが、原因なのではないかと考えます。

　温度差があったり、一部の人しか取り組まなかったりというのでは、校内研究を行う意味がありません。

　さらに学校では日々起こる様々な問題があります。学校が支え合い、認め合う集団になっていれば様々な問題の解決もうまく進むと考えました。

> ## 尾山台小学校の目指す教職員の姿
>
> 支えあい・認め合い
> ◇悩んでいる教員が、気さくに他の教員に相談している。
> ◇一生懸命に取り組んでいる教員を認める雰囲気がある。
> ◇定期的に学年等で授業や子どものことについて話し合っている。
>
> 高め合い・学びあい
> ◇教員同士が授業の工夫等を自主的に教え合っている。
> ◇教員同士でワークシートや教材を共有し合っている。
> ◇参加した研修の内容を報告し合っている。
> ◇読んだ本等が話題になっている。
>
> （参考：河村茂雄『学校管理職が進める教員組織づくり』図書文化社、2017年）

　このような教職員の姿をめざして、本校で校長として勤務する上で、次の工夫をすることにしました。

> 1．少人数の話し合いをベースにする
> 2．目標の共有化
> 3．目に見える成果
> 4．学級経営力・子どもの見取り力をあげる
> 5．やりたいことができる環境を
> 6．臆することなく進む教師集団であるために
> 7．プロジェクト・チーム
> 8．つながりを大切に・細かい配慮

少人数の話し合いをベースにする

　校内研究の協議会以外にも、様々な研修会は、くじで決めた少人数で話し合いをもちました。教員は学年単位で行動することが多いので、そのまま着席すると、いつも決まったメンバーになることが多いからです。

　写真は、服務事故防止研修会の様子です。「えんたくん」（直径1m程の円形の段ボール版に同じ大きさのクラフト紙を重ねたもの。有限会社三ケ日紙工製）を用いて、4人から5人で話し合いを行っています。

　えんたくんは、膝の上に乗せて使うボードです。メンバーがちょうどいい距離感がもてるように設計されており、これを使うと格段に課題解決が進んだり、合意形成等の話し合いが進むと言われています。

　この研修会の中で、服務事故防止に必要なこととして、「思い込まない」「アンガーマネジメントを学ぶ」「日頃からコミュニケーションをとり、話しやすい雰囲気をつくる」等、たくさんのアイディアが出ました。

　自分の考えを発する場があり、認め合える関係があるとチームワークがよくなり、協働性が高まります。

　尾山台小学校では、このスタイルを話し合いの基本としています。

目標の共有化

（1） 学校だより、月曜朝会で

学校には給食・掃除・週目標等様々な目標があります。

それを、場面ごとに伝えると、わかりにくいと感じることがあります。

そこで、キャリア目標に統一して伝えることにしました。

月曜朝会では、校長講話として、日々のできごとをキャリア目標に照らし合わせて話します。

例えば、サッカーや野球等の表彰時のインタビューでは、「このスポーツを通じてどんなことができるようになりましたか？」「それを中学校へ行ってどのように使おうと考えていますか？」と子どもに質問します。子どもたちは、「協力する力が身に付きました。これを中学校の部活で使います」等と答えてくれます。

保護者へは、学校だよりで目標を伝えました。平成28年10月号では、水泳記録会をキャリア教育の観点から整理をして、「めあて学習」の大切さを伝えました。平成29年10月には、キャリアン・パスポートの紹介と、その大切さをお知らせしました。

主旨を理解していただいた保護者の方からのキャリアン・パスポートのコメントは、いつも子どものことをよく考えている保護者の方ならではのものが多く、感動させられます。

（2） 子どもたちの言葉にもキャリア目標が

２学期の終業式の学年代表の「児童の言葉」にキャリア目標が入っていました。

日々意識させる仕組みをつくることで、子どもたちにも、少しずつ定着しつつあります。

本校では、二分の一成人式、卒業式等大きい行事では、最終リハーサルを次年度に経験する学年の子どもたちに見せるようにしています。話で聞くのと実際に見るのでは臨場感が違い、子どもの心に残るようです。
二分の一成人式←３年生
卒業式←４年生（卒業式には在校生として５年生が参加）

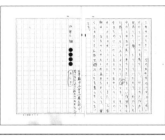
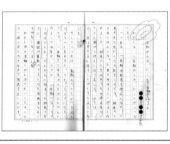

二学期がんばったことと三学期がんばること

わたしは、二学期がんばったことが二つあります。

一つ目は、一学期はあまり仲よくなかった男の子とたくさん話すことです。給食のとき同じはんになった男の子とすぐに仲よくなれました。給食のとき以外でも中休みなどにクラス遊びで仲よくなりました。今では、一日三回は男の子と話すことができるようになりました。

そして二つ目は、算数のクラス分けテストでなるべく百点をとってチャレンジになることです。一学期や三年生のときはどんどんになることが多かったけど、二学期になってからはほとんど、どんどんになることがありません。最近は算数のテストでも百点をとることが多くなりました。

わたしが三学期にがんばりたいことは二分の一成人式で大きな声で発表することです。

三年生のときに、今の五年生の二分の一成人式のリハーサルを見て、しっかり大きな声で発表したり歌ったりしていたので、わたしも今の三年生が見に来たときにすごいな四年生、と思ってもらえるようにしたいです。そして今までのけいけんをすべて生かして二分の一成人式を大成功させたいです。また、三学期は、なるべくテストの点をたかくして、寒くてもたくさん外で遊ぶことを意しきしたいです。

四年二組（名前）

··· 204 ···

目に見える成果

（1） 子どもたちの様子から

　キャリア教育を始めてから徐々に、閑散としていた校庭に子どもたちの声が響くようになりました。にじいろタイムには、学年を超えた関わりがたくさんあります。

　休み時間に校庭の隅で、1年生に一生懸命に短縄の跳び方を教える6年生がいました。

　自分にはよいところは「ない」と答えていた子どもたちが「自分のいいところは小さい子に優しくできることです」と堂々と話すようになりました。子どもたちの変化は、私たち教職員の大きな喜びです。

　教職員にはこのようなうれしい変化を、はっきりと伝えるようにしています。朝会では子どもたちに、教職員の夕会では、価値づけをして「このような姿が見られました」と話しています。

　言葉にしないと伝わらないのは、子どもたちだけではなく大人も同じです。子どもにも保護者にも教職員にも意識して伝えていくことを大切にしています。

（2）　データで示す（全国学力・学習状況調査の結果より）

「自分にはよいところがあると思いますか」

　調査の結果から、「当てはまる」「だいたい当てはまる」を合わせると階段状に数値が上がっていることが分かります。

2.自分には、よいところがあると思いますか

年度	1：当てはまる	2：どちらかといえば、当てはまる	3：どちらかといえば、当てはまらない	4：当てはまらない	計（％）
平成26年度	30.3	34.8	18.0	16.9	100
平成27年度	23.1	50.0	19.2	7.7	100
平成28年度	45.5	38.2	14.5	1.8	100
平成29年度	55.9	35.6	6.8	1.7	100
平成30年度	63.0	34.2	2.7	0.0	99.9

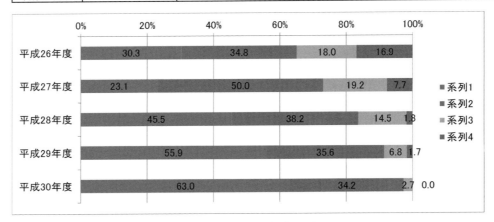

「人の役に立つ人間になりたいと思いますか」

　多少の上がり下がりはありますが、全体としては上がっていることが分かります。

17.人の役に立つ人間になりたいと思いますか

年度	1：当てはまる	2：どちらかといえば、当てはまる	3：どちらかといえば、当てはまらない	4：当てはまらない	計（％）
平成26年度	74.2	19.1	3.4	3.4	100.1
平成27年度	67.3	21.2	7.7	3.8	100
平成28年度	72.7	27.3	0.0	0.0	100
平成29年度	84.7	8.5	5.1	1.7	100
平成30年度	83.6	15.1	1.4	0.0	100.1

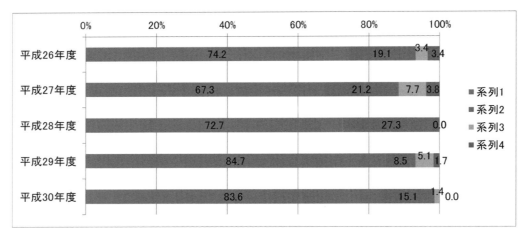

　このようなデータの結果も私たち教職員の大きな励みになりました。印象や見取りだけではなく、データで示し客観的に判断することも大切です。

学級経営力・子どもの見取り力をあげる

　私は、すべての教育の基本になるのが学級経営と、一人一人の子どもの見取りだと考えています。

　素晴らしい授業の基本には、必ず学級経営のよさがあります。教員はどんな時でもこの力を上げていく努力をすべきだと考えています。

　また、子どもの見取りは大変難しいものです。これを自覚し、「子どもをわかった気にならない」ことが基本です。

　学級経営力と子どもの見取り力を上げるために、本校では次のことに取り組んでいます。

> ①　子どもの記録を取る
> ②　「子ども理解」の時間をとる
> ③　構成的グループエンカウンター、ソーシャルスキルトレーニング等を活用する
> ④　「教員の待つ姿勢」を大切にする

①　子どもの記録をとる

　子どもは日々変化をしています。子どもの記録をとることで、それに気づくことがあります。いつも月曜日に友だちとトラブルを起こす子、木曜日には登校をしぶる子等、記録の中から分かることがあります。土日にスポーツ教室に通っていて疲れている、木曜日の時間割の中で苦手なものがある等、高学年になるともっと複雑になりますが、子どもにも理由があるのです。教員は「気づく」ことが大切です。

　教員には、一番上に名前を書き、ノートの1ページ又は見開き2ページを使って、その日の日付を書いて子どもの記録を取っていく方法を勧めています。

　一日1ページを使ってその日にあったことを子どもの名前を書いて記録をしていく方法もありますが、ひとり1ページ～2ページを使って、ひとりのことだけを時系列で記録していくと、その子の変化が追いやすくなります。

②　「子ども理解」の時間をとる

　教員は忙しくて、なかなか落ち着いてひとつのことに向き合う時間がとれないのが現状です。これまで時間短縮を常に考え、職員会議を短くしてその後にプロジェクト・チーム

の活動を入れられるようにする等工夫をしてきました。

しかし、時間を短縮するところと、時間をかけて話し合いや共通理解に時間をかけるところは区別したいと考えています。特に「子どもの共通理解」には時間をかけています。

以前は、日々起こる子どもの問題を共通理解する時間が取れず、教職員から時間を取りたいと提案されたことも理由のひとつです。この提案は、教職員が忙しくても、学校全体で子どもを見ていきたいという気持ちの表れとしてうれしく思いました。

そこで、毎回の夕会の時間、職員会議の後の時間に特別支援コーディネーターが、その時の子どもの状態から報告が必要な子どもを選び、担任がその子の様子を報告することになりました。子どもの現在の様子や行動、接し方、声のかけ方等を伝え合うようにしています。基本的には、直に接する担任を大切にし、その担任が対応しやすいようにすることをねらいとしています。

日々のルーティンの中で、時間をかけるところとかけないところをはっきりとさせることが大切だと考えています。

③　構成的グループエンカウンター　ソーシャルスキルトレーニング等を活用する

様々な手法を知っていれば、それだけ活用の幅が広がります。そこでプロジェクト・チームの中に「学級経営プロジェクト」をつくり、手法を紹介し体験し合う機会を設けることにしました。これは、夕会や職員会議の後の時間等を使い短時間で行っています。

朝の会、帰りの会等の学級の中や、保護者会等で使えるものを紹介しています。

④　「教師の待つ姿勢」を大切にする

子どもたちのトラブルは、「仲直りさせること」がゴールではなく、子どもたちがそのような場面において、どのように対処するのかその方法を学ぶ場です。小学校の教職員は子どもたちが傷つかないようにと配慮するあまり、初めからトラブルを回避するような働きかけをしたり、トラブルが起こったとしても、仲直りさせることにのみ焦点を当てた指導をしたりしがちになってしまいます。

しかし、これでは、子どもたちに「トラブルになったときにどのように対応するのか」という力がつきません。

本校でも、初めてにじいろタイムを導入したときに、教職員が校庭に線を引き、15のグループの遊ぶ場所を指定してしまうということがありました。
　これは、トラブルにならないようにという教職員の配慮でしたが、この方法では、子どもたちに問題解決の力はつきません。
　本校の標準装備の中には「教職員の待つ姿勢（失敗体験）」があります。子どもたちが困難な場面に出会ったときには、自分の頭で考え、どのように解決していくのかを学ばせるようにしています。
　実社会の中でも、考えの相違はどんな場面でも見られます。大切なのは、その中でどのように折り合い、どのように解決していくかです。このような場面での経験が少ないと、自分の意見を述べることができなかったり、意見が違う時には対立したままで前へ進まなくなったりします。
　私たちは子どもたちを見守りながら、必要以上に口出しをせず、問題解決の力が子どもたちの身に付くような働きかけが必要です。
　どこまで子どもたちに任せることができるか、私たち教職員はこれからも学び続ける必要性を感じています。

やりたいことができる環境を（誇りがもてる環境を）

　初めてプロジェクト・チームを組んだ頃、こちらが予想していたよりはるかに多くのアイディアが教職員から出てきました。
　地域とのつながりを大切にすることから、ワッペンをつくることや、校内掲示の方法まで、様々なアイデアが出ました。また、研究の冊子もカラーにして分かりやすくしたいという意見も出ました。

　さらに、本校は平成30年度が創立80周年の年でした。地域の方にこの学校の卒業生であることに誇りをもっていただけるように、記念誌は見栄えのよいものを作成したいと考えました。
　そこで、地域の方にお願いして、カメラがお得意な方やプロのカメラマンの方に写真を撮っていただきました。
　記念集会のバルーン・リリースの写真を撮っていただき廊下に掲示したり、式典で流すVTRを作成したりしていただきました。
　子どもたちの笑顔や一生懸命な様子はプロの方ならではのもので、子どもたちはもちろん、地域の方や保護者の方にとても喜んでいただきました。私たち教職員にとっても大きな喜

びでした。

学校の卒業生や、地域の中には様々なプロの方たちがいらっしゃいます。その方たちにお願いすると、喜んでやっていただけることが多いです。

私は、基本的に教職員が「やりたい」と意欲をもったことはなるべく実現できるように努力をしています。もちろん、教育課程に位置づけられることなのかという点や、人権的、時間的な配慮は必要です。

当然、お金がかかることや、人手が必要なこと等もあります。そこで、校長の役割として、教職員がやりたいと考えたときにやれるよう、予算や環境を準備をすることが必要です。

① 予算について

様々な活動には予算が必要です。そのため、区の助成金や企業の教育財団の助成金を受けることを考えました。審査があることがほとんどですが、それが子どものためであったり、地域の活性化に役立つものだったりすれば、受けられることが多いです。

学校はお金がないからと初めからあきらめるのではなく、徹底的に調べてどのような条件が必要なのかを考えます。それをクリアする方法を考えるとともに、教育課程に位置づけたり、地域の協力を得たりする方法を研究推進委員とともに考えます。

いつもやっていることの中へ位置付けたり、少し方法をアレンジしたりして、教職員の大きな負担にならないことにすることも大切です。

② 人的配置

学校は、教職員の定数が決まっており、それ以上の配置は望めません。今いる人材で最大限の力を発揮していくことを考えなくてはなりません。それには、チーム力が必要です。

本校の合言葉は「自分の仕事ではないと思った瞬間に組織は機能しなくなる」としています。

本校では、何か起こると現場に駆けつけて助け合う学校でありたいと考えているので、職員室に教職員が誰もいなくなることがあります。そこで、時間講師や非常勤の方たちにも学校へかかってきた電話を取ることをお願いしてあります。

また学校主事はもちろん、委託業者の警備員も子どもたちに上手に声をかけます。学校主事がいるから学校に来るのが楽しいと話す子どももいます。

子どもたちを取り巻く多くの大人が、同じ目線で子どもに接することができれば、それは学校の大きな力になります。

③ 空間・環境

創立80周年を迎える本校は古い校舎ですが、お客様に「きれいな学校ですね」とお褒め

の言葉をいただくことが多いです。学校主事が、子どもたちのためにピカピカに磨き上げた校舎だからです。きれいな校舎を子どもたちは丁寧に使います。

　整頓された空間では作業がしやすくなり、頭の整理もしやすくなります。子どもたちには片づけられた空間の中、新しい発想をもちながら学習をしてもらいたいと考えています。

　教職員にも作業がしやすい空間で、少しでも効率よく仕事や作業が進められるようにと考えました。

　校舎内が整頓されピカピカの校舎は、学校主事の力によることが大きいですが、整理された環境の中で、新しい発想を持ちながら子どもも大人も学び続けることを大切にしています。

新しい教育に臆することなく進める教員集団であるために

　以前は、「学校にいけば新しいものがあり、新しいことを教えてくれる」のが普通でした。

　しかし、現在は子どもたちの自宅には、学校にあるものより新しいパソコンがあり、新しい機器を使い慣れている子どもも多くいます。また、多くの情報に触れ、新しいものを知り、様々な分野のことを知識としてもっている子どもも少なくありません。

　このような中でも、私たち教職員は、誇りをもって前へ進みたい、進まなければと考えています。若手教職員が多い中で、これから異動してたくさんの学校を経験することになるとしても、この学校で学んだことを基に、自信をもって進める教職員に育てなければならないと思います。

　そのためには、これからの時代の新しい教育の考え方を理解し、学ぶことが重要なのです。

　新しく出会った「キャリア教育」は、この願いをかなえるのにはぴったりの教育でした。今、学ぶべき教育の一例として、次のことが考えられます。

---

①　社会に開かれた教育課程
②　身に付けさせたい資質・能力の再整理
③　主体的・対話的で深い学びの視点からの授業改善
④　カリキュラム・マネジメント
⑤　新たに取り組む教育
　　外国語教育・道徳教育・特別の教科「道徳」・プログラミング教育等

---

　①～④のそれぞれについて、本校の研究の中では、以下のように位置付けています。

①社会に開かれた教育課程

・「教育課程」を社会に開いていく

・身に付けさせたい資質・能力、年間指導計画を保護者や地域に理解をしてもらう

★本校では、年間指導計画を掲示し、地域とともに行う活動を明確にしました。また、地域プロジェクトの中に学年ごとに位置付け、地域とともに行う活動について1年生から6年生まで縦の系列でみられるようにしました。わかりやすい掲示で職員とともに保護者、地域の方の理解を得ることにしました。

②身に付けさせたい資質・能力の再整理
・新しい時代に必要となる資質・能力(コンピテンシー)
・新学習指導要領では「知識及び技能」「思考力・判断力・表現力等」「学びに向かう力、人間性の涵養」の3つの柱に整理されたこと
・めざす資質能力を明確にし、保護者や地域の方に理解してもらうことが必要
★教室に掲示してあるキャリア目標をもとに身に付けさせたい資質・能力を明確にし、すぐに見て分かる掲示を工夫しました。

③主体的・対話的で深い学びの視点からの授業改善
・「教師が教える」から「子どもが学ぶ」への転換
・授業に必要な学び方、授業規律等の整理
★主体的・対話的で深い学びは、本校のアクティブ・ラーニングの中に位置付けて考えました(平成29年度からは主体的・対話的で深い学びと改名)。

④カリキュラム・マネジメント
・教科横断的な学び
・全国学力・学習状況調査、各種調査の活用とPDCAサイクル
・全教職員で取り組むカリキュラム・マネジメント
・限られた資源(人、モノ、時間、カネ等)
★年間指導計画で、学ぶ内容を、教科を超えて考えることとしました。
学力テスト等各種調査の結果を生かすことも重要です。PDCAサイクルをきちんと回すことにも留意しました。

このような「新しい教育」は、校内研究で来ていただく講師の先生の話の中から学ぶことができ、新しい考え方や新しい提案を、校内研究の指導案の中に入れ込むこともありました。

さらに、「標準装備」として研究構想図の中に入れて、いつも意識していくものであることを理解できるようにもしました。

新学習指導要領を理解することによって、新しい教育の在り方を学ぶことができます。教職員が臆することなく進めるよう教職員が学べる環境を整えるのも管理職の役割だと考えています。

プロジェクト・チーム

プロジェクト・チームについては、次のことを管理職として配慮しました。

（1） プロジェクトの研究内容と明確なねらい

まず、プロジェクト・チームについて研究主任、副主任と時間をかけて話し合いました。

決まり切っていることだけではなく、工夫次第でキャリア目標を達成できたり、経験の長い、短いに限らず提案ができたりするようにしたいと考えたからです。

初年度は「アクティブ・ラーニング」「異学年交流」「地域との連携」「学級経営の充実」「環境の整備」の5つのチームで始めました。

当時、「アクティブ・ラーニング」はまだ聞きなれない言葉だったので、どういうものかを理解するために、チームで学んだことを全員に広げて、本校のものにするために活動しました。理解が少し進んでからは、「プロジェクト」から「標準装備」として常に意識するものに入れることにしました。また、名称は文部科学省の表現に合わせ、「アクティブ・ラーニング」から「主体的、対話的で深い学び」に変えました。

このように、プロジェクトで研究するものを十分に検討して、決定しました。進捗状況と内容についても、研究推進委員会で報告し合い、本校の研究とずれないように配慮しました。

（2） 活動時間の保障

プロジェクト・チームが活発に活動できるには、時間が必要です。学年会のためにいない教員がいるとか、できる人だけで集まるという状況では、だんだんと活動自体が縮小していくと考えました。

そのため、前述の通り「職員会議」の時間を短くして、そのあとに「プロジェクト」の時間を設定することにしました。

職員会議は、説明が長かったり案件が多かったりして、どうしても長くなってしまう傾向があったため、内容の確認だけの場合は校内メールを活用し、伝達だけの場合は火曜日と金曜日の「夕会」に回すことにしました。

そうしたことで、職員会議をコンパクトに収めて、そのあとに「プロジェクト」の時間が取れるようになりました。

この時間はのちに、プロジェクトだけではなく、「児童理解」や「アレルギー研修会」「パソコン研修」等にも使えるようになりました。

（3） 全員で取り組む工夫「少人数であること」「リーダーの配置」

教職員全員で取り組むために、活動がしやすい「少人数」になるようプロジェクト・チー

213

ムの数を考えました。多人数が取り組むとどうしてもその中のひとりかふたりで進めることになってしまいます。アイディアを十分に話し合うために、人数は5人から6人と決めました。

　また、研究推進委員を「リーダー」として配置し、進捗状況を確認したり、うまく進まない時には研究推進委員会で相談したりしました。

（4）やりたいことができる自由度

　前述の通り、ワッペンを作成したり、掲示物を工夫したり、教職員のやりたいことができるように工夫をしました。

　管理職が予算等を準備をしておくこともももちろんですが、その他にもブレーンストーミングを基本として誰もが意見を出しやすい雰囲気をつくることにも留意しました。

　教職員が意欲をもって取り組むことが様々な進歩につながります。

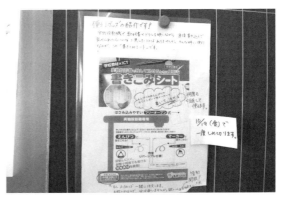

　上の写真は、職員室の後ろの黒板を活用した「学級経営向上プロジェクト」の工夫です。便利グッズを紹介し、自分が受けた研修の際の印刷物、所属する研究会のお知らせ等を貼っています。これもプロジェクト・チームを活発に活動させるための工夫です。

　多くの教職員が、この黒板の前にあるコピー機を使いながら、掲示物を見ています。短い時間でも学び合う意欲が様々なところで見られます。

つながりを大切に・細かい配慮

私がキャリア教育を始めたきっかけは、「キャリア教育指導者養成講座」（独立行政法人教職員支援機構）を勧められて受講したことでした。

5日間という長い期間ですが、これを受講したことで、私は自信をもってキャリア教育を学校の施策として推進することができ、尾山台小学校の子どもたちは大きく成長しました。

全国の校長先生方には自分自身が試してみることをお勧めします。実際に子どもへの指導をするのは教職員だとしても、管理職が理解しているのとしていないのでは、推進の力に大きな差がでます。何より、管理職が取組に疑いをもたないことが重要です。様々なことを推進しようと考えたときには、ぜひ自分自身で体験してみることをお勧めします。

（1） 人脈の活用

思い返してみると、様々なことは、人と人の関係から始まっていることが多いように感じます。

初年度は、キャリア教育指導者養成講座で学んだ時に同じグループだった先生方に講師として本校に来ていただきました。キャリア教育だけではなく、何かあったときに助けてもらえるのも、つながりがあった方たちです。

校長先生方にも、ぜひ地域や国等の研究会等に積極的に参加して、専門性を向上させるとともに、人脈をつくり助け合える関係をつくることをお勧めします。

（2） 転入者への配慮

学校は毎年、新しい教職員が入ります。ある程度、キャリア教育の研究が進んだ本校では、研究に途中から入ることになります。

途中からでも臆することなく始められるようにと考えました。

転勤は、教職員にとっては大きなできごとです。

同じ小学校でも、学校ごとに取り組んでいることに大きな違いがあるからです。

本校では、転入者用にプレゼンを作成して、キャリア教育について理解をしてもらうことにしています。

それでもなかなかすぐには理解できるものではありませんが、転入してきた教員を大切にして温かい雰囲気をつくり、その中で理解をしてもらうよう努力をしています。

キャリア教育に取り組んだ教員のつぶやき

キャリアを意識することで、子どもたちに、なぜこの課題に取り組むのか簡単に説明できるようになった。

子どもの思考回路がキャリア的になり、発言の中に過去の経験を生かしていることが分かる。「ALTの先生に習ったSの発音、音楽で習ったあいうえおの口の形」等。

3年前、チャレンジしようという子は3人だった。今はしない子が3人。いつも2～3の中から選択できるように教材のパターンを考えて無理なく取り組めるようにしてきたことがあるのかもしれないが。

学級目標を作る際に、子どもたちが4つのキャリア目標を意識して考えていた。また、学習活動等に取り組む際に、チャレンジをしようという意識が高まった。

なわ跳びや音読等、小さなことでも「チャレンジだ！」と意識して取り組む子が増えた。

「相手の話を聴くということは、相手を大切にするということなんだよ」と伝えてきたことが、定着してきている。

異学年交流において、上級生に対する憧れの中で「あんなふうになりたい」→「やってみよう」に変化する姿が見られた。

ふり返りカードに、水曜は他にどんな行事があっても「にじいろタイム」のことしか書いていない子がいる。その子にとってはにじいろタイムがその日の一番思いの強い活動なのかもしれない。

掲示物があったことで、子どもがイメージすることができた。子どもたちから「これはチャレンジだね」という言葉が出てきた。教師も気付かなかった側面に気付くことがあった。4つのめあてをとても意識できるようになった。

縦は異学年、横は地域、という狭い見方から、もっと広い見方でキャリアの「つながり」を捉えられるようになってきた。

何につながる？は何にでもつながる、もっと色々なものにつながるんだなあ。

ある日、転任した先生から手紙をいただきました。

（前略）

　今まで意識しながら授業はやっていましたが、学びのつながりを堂々と子どもに語れるようになりました。

　音楽科の目標に「生活や社会の中の音や音楽と豊かに関わる」がありますが、「音楽の授業は、大好きだけど将来の役にたっているとは思わない。」というデータがあるそうです。

　今までの私……「CMで使われている曲だね。」以上。

　今年の私………「リコーダーでやるタンギングは、吹く楽器全てに必要なテクニック。クラリネットでもトランペットでも全部いっしょ。これができれば将来なんでも吹けるはず。すばらしいタンギングの「トランペット吹きの休日」を聴いてみよう。」

　　　　　　　　「はやいタンギングは、ダブルタンギング。」

　　　　　　　　「難しいけど、やってみる？」

とつながっていきます。

　授業の流れに無理なく、子どもといっしょに発展学習まで楽しくできるようになりました。

　尾山台小で学んだ年間指導計画のおかげで授業のつながりを大きな流れの中で感じ取ることができるようになりました。

　現在１年から６年生まで、全学年を担当しているのでどこまでねらうのかもますますはっきりしてきました。

　転勤しても「これは、前の学校のあれと同じ」「これは、あれに似ている。」と自分の考え方もキャリア思考でポジティブにがんばれました。

　尾山台小を卒業して２年、キャリア教育は、汎用性があってすごいものだと思っています。

　生きる力そのものです。

　この先生は、２年間キャリア教育に取り組み、それから異動になりました。転勤先の学校でもキャリア教育の視点を生かして、子どもたちとともに学び続けているようです。

　私にとっては、この先生からいただいた手紙の言葉が宝物になり、今でも大きな励みになっています。

基礎的・汎用的能力を育むキャリア教育の視点でのカリキュラム・マネジメント

長田徹 解説

　教科横断で、学年や校種を縦断して、児童に資質・能力を育むためには、全ての教職員が足並みをそろえて取り組むための道しるべである年間指導計画の作成を核としたカリキュラム・マネジメントが求められます。

【第1章 総則　第1 小学校教育の基本と教育課程の役割】

　4　各学校においては、児童や学校、地域の実態を適切に把握し、教育の目的や目標の実現に必要な教育の内容等を教科等横断的な視点で組み立てていくこと、教育課程の実施状況を評価してその改善を図っていくこと、教育課程の実施に必要な人的又は物的な体制を確保するとともにその改善を図っていくことなどを通して、教育課程に基づき組織的かつ計画的に各学校の教育活動の質の向上を図っていくこと（以下「カリキュラム・マネジメント」という。）に努めるものとする。

　平成28年答申には（「カリキュラム・マネジメント」の重要性）として以下のように示しています。

　① 各教科等の教育内容を相互の関係で捉え、学校教育目標を踏まえた教科等横断的な視点で、その目標の達成に必要な教育の内容を組織的に配列していくこと。
　② 教育内容の質の向上に向けて、子供たちの姿や地域の現状等に関する調査や各種データ等に基づき、教育課程を編成し、実施し、評価して改善を図る一連のPDCAサイクルを確立すること。
　③ 教育内容と、教育活動に必要な人的・物的資源等を、地域等の外部の資源も含めて活用しながら効果的に組み合わせること。

　ここまで取り上げてきた「教科横断」「PDCA」「開かれた教育課程」は、まさに、基礎的・汎用的能力を育むキャリア教育の視点でのカリキュラム・マネジメントの姿なのです。
　平成28年中教審答申で、全ての教職員で創り上げる各学校の特色として整理された文面を確認してみましょう（下線筆者）。

　「カリキュラム・マネジメント」の実現に向けては、校長又は園長を中心としつつ、教科等の縦割りや学年を越えて、学校全体で取り組んでいくことができるよう、学校の組織や経営の見直しを図る必要がある。そのためには、管理職のみならず全ての教職員が「カリキュラム・マネジメント」の必要性を理解し、日々の授業等についても、教育課程全体の中での位置付けを意識しながら取り組む必要がある。また、学習指導要領等の趣旨や枠組みを生かしながら、各学校の地域の実情や子供たちの姿等と指導内容を見比べ、関連付けながら、

効果的な年間指導計画等の在り方や、授業時間や週時程の在り方等について、校内研修等を通じて研究を重ねていくことも重要である。

　このように、「カリキュラム・マネジメント」は、全ての教職員が参加することによって、学校の特色を創り上げていく営みである。このことを学校内外の教職員や関係者の役割分担と連携の観点で捉えれば、管理職や教務主任のみならず、生徒指導主事や進路指導主事なども含めた全ての教職員が、教育課程を軸に自らや学校の役割に関する認識を共有し、それぞれの校務分掌の意義を子供たちの資質・能力の育成という観点から捉え直すことにもつながる。

　また、家庭・地域とも子供たちにどのような資質・能力を育むかという目標を共有し、学校内外の多様な教育活動がその目標の実現の観点からどのような役割を果たせるのかという視点を持つことも重要になる。そのため、園長・校長がリーダーシップを発揮し、地域と対話し、地域で育まれた文化や子供たちの姿を捉えながら、地域とともにある学校として何を大事にしていくべきかという視点を定め、学校教育目標や育成を目指す資質・能力、学校のグランドデザイン等として学校の特色を示し、教職員や家庭・地域の意識や取組の方向性を共有していくことが重要である。

　平成26年から、渡部校長先生を核にして尾山台小学校の教職員で作り上げてきた教育課程は、目の前の児童の今と将来を見つめ、試行錯誤を繰り返した"結晶"と言えます。本書が、全国の学校における学校教育改善の一助になることを願いつつも、尾山台小学校の取組を「コピー　アンド　ペースト」することはお勧めできません。お分かりの通り、目の前の児童、教職員や地域の実態があってこその本書の内容に至っているからです。もちろん、尾山台小学校も毎年児童や保護者が異なり、教職員も異動し、協力してくださる地域住民や外部講師も同じではありません。尾山台小学校の教育課程、キャリア教育は日々進化し続けているのです。

　キャリア教育の内容や取組は基より、尾山台小学校の教育課程やキャリア教育の編成、実施、評価、改善の過程をヒントにしていただけることを切に願っています。

　尾山台小学校の教職員は、実に忙しい。いつ訪問しても授業や行事の準備に走り回り、児童一人一人に目を配り、心を砕き、声をかけ、保護者や地域住民との連絡調整にも全力で向き合っています。正直、こちらから声がけするのが申し訳ないくらいに。そんな中でも、すべての教職員が笑顔で親切。ある日、「忙しいでしょう。大変でしょう。その原動力はどこにあるのか。」と尋ねると次のように返ってきました。
「忙しいです。大変です。それを言い合える、支え合える職員室の雰囲気が原動力の一つかもしれません。」
「とても大変ですが、嫌ではありません。むしろ、楽しいです。」
「教育課程に自分の意思が生きていると実感できているからかもしれません。」
　若手の３人の先生の言葉から、尾山台小学校の学校経営の様子や意思決定や合意形成のプロセスが見えてくるようです。

おわりにかえて

筑波大学人間系（教育学域）教授
藤田　晃之

　小学校におけるキャリア教育に関心のある方であれば、おそらく「世田谷区立尾山台小学校」の名前を一度は耳にしたことがあることでしょう。

　確かに、尾山台小学校でのキャリア教育実践が名実ともに充実していることは、今日、多くの人が認めるところです。けれども、それは偶然の産物ではありませんし、特殊な条件や環境によって支えられてきたものでもありません。本書の随所に示される「取組に至るヒミツ、それを支えてきたヒミツ」を読み解けば、全国各地の小学校において、「その小学校らしさ」を生かしたキャリア教育実践の更なる充実につながるヒントをたくさん得ていただけると確信します。（もし仮に、同校におけるこれまでの取組のエッセンスを 1 冊にまとめた本書が、「あの尾山台だからできたことだし、うちでは無理」という先入観とともに受け取られてしまうとしたら、それは本当にもったいないことです。）

　このような「ヒミツ」については、すでに、本書の「はじめに」や章末の「解説」において長田調査官が整理してくださっています。この「おわりにかえて」では、本書の本文の記述から「ヒミツ」のいくつかを具体的に抄出し、読者の皆様と共有したいと思います。

■子どもたちの実態を基盤に据える■

> 　地域の方からは、「子どもたちは明るく素直」「みんな仲がよい」「やさしい子どもが多い」などの声をたくさんいただいていました。
>
> 　しかし、これに加えて「声が小さく、聞き取りにくい」「自分の考えをもっているようだが、みんなの前で発言する子どもは少ない」といった声も、行事や学校公開の際にいただいていました。（10ページ）

　これが尾山台小学校におけるキャリア教育のスタートです。地域の特質や、在籍する児童の学校生活上の課題などを一般的な視点から捉えた場合、同校は「多くの課題を抱える学校」としては見なされません。これまでの教育実践をこれまで通りに継続したとしても、誰かに責められるような事態に陥ることはなかったでしょう。けれども、保護者や地域の皆さんが感じてきた子どもたちの弱みに関する声を聞き漏らさずに、それを子どもたちの将来に資する教育の提供のための端緒に据えたこと。これこそが同校のキャリア教育の大きな特質となっています。

■教育のプロとしての教師の判断を大切にする■

　このような家庭や地域の声を踏まえ、尾山台小学校では、まず「全国学力・学習状況調査」における「児童質問紙」の結果を丁寧に再検討し、その上で、子どもたちの実態に迫るための独自の質問紙調査（20 ページ）を実施しました。その結果、「自分の長所が分かる」という設問に対して肯定的に回答した児童が極端に少ないことが示される一方、「周りの人と力を合わせて行動しようとしている」という設問には大多数の児童が肯定的な自己評価をしたことが明らかとなりました。ここで注目すべきは、尾山台小学校の先生方が、「肯定的な回答が少ない＝改善す

… 220 …

べきこと」、「肯定的な回答が多い＝うまくいっていること」という単純な解釈をしなかったことでしょう。尾山台小学校において、質問紙調査の結果を次のように捉えたことは極めて重要です。

> このアンケートの結果から、本校の子どもたちは、自分のよいところがわからず、まわりの人に合わせて行動しようとするという「自分に自信がない」傾向にあることが分かりました。(21ページ)

教師は教育のプロです。質問紙調査の結果を、日常的に児童に接しているプロの眼からの判断を加えて解釈することは、どの学校においても必要であると考えます。

また、尾山台小学校が、キャリア教育の目標として設定した「○○することができる」は、「自分のよさに気付く力」「思いを受け止める力」「思いを伝える力」「チャレンジする力」の四つに区分されていますが(53ページ)、これらは文部科学省が提示した「基礎的・汎用的能力」を構成する4つの能力にまんべんなく対応するものとはなっていません。そもそも、「基礎的・汎用的能力」は、「これらの能力をどのようなまとまりで、どの程度身に付けさせるかは、学校や地域の特色」などによって異なるとの前提で構想されたものであることをここで再確認する必要があるでしょう。「目の前のこの子たち」に身に付けさせたい、社会的・職業的自立に向けて必要な基盤となる力とは何か。これを教育のプロが、保護者や地域の方々の声にも耳を傾けつつ、自信をもって判断することはとても大切です。

■キャリア教育の目標をみんなの「合い言葉」にする■

尾山台小学校のキャリア教育の目標である「○○することができる」は、外形上はとてもシンプルですが、熟慮と議論を重ねて生まれたものです。その一端については、第2章末の「解説」で長田調査官が次のようにまとめてくださっています。

> 「○○できる」という尾山台小学校の学年の重点目標(資質・能力)設定は、主語を変えるだけで「あなたは○○ができるようになりましたか」「あなたのお子さん(学級の児童)(体験を受け入れていただいた児童)は○○ができるようになりましたか」と評価に直結させることをねらっています。(74ページ)

「○○することができる」の文頭に主語をつけて、文末を疑問形にするだけで質問紙に掲載可能な項目となり、これらの主語を替えることによって、その結果が多様な主体からの評価(＝児童の自己評価、保護者の評価、地域の皆さんからの評価等)として活用できるわけです。

これまで小学校におけるキャリア教育の目標においては、「すくすくと」「伸びやかに」「いきいきと」「元気に」など、情緒的な要素を多く含んだ副詞や形容動詞などが多用される傾向にありました。無論、そのような目標が達成されたか否かを検証する必要がなかった時代においては、何ら支障はなかったと言えるでしょう。けれども、「どのような成果を目指すのか」「どのような力の修得を目指すのか」という明確な目標が設定され、その取組の成果について客観的な検証を行い、新たな取組に反映させる検証改善サイクル(PDCAサイクル)の確立が必要となる今日、評価を前提とした目標の策定は不可欠です。

··· 221 ···

また、このような明快かつシンプルな目標は、子どもや家庭とも共有できるという重要な特質をもっています。子ども自身が目指すべきものを理解することの意義についてはここで申し上げるまでもないことですが、家庭においても学校と同じ視点から子どもの成長を捉えることができるようになることは重要でしょう。キャリア教育の目標が学校と家庭をつなぐ「合い言葉」となれば、保護者が家庭における子どもの行動の価値を適切に認め、褒めることにつながります。

尾山台小学校のシンプルなキャリア教育の目標の設定は、その外形からは想像しにくい程の議論を重ねて生み出されたものですし、その表現形式は全国的なモデルとなり得ると考えます。

■全校態勢で取り組む■

尾山台小学校では、児童の実態把握においても、キャリア教育の目標設定においても、年間指導計画等の策定においても、校内の全教員が直接的に関わって取り組んでいます。本書の第1章や第2章が典型例ですが、掲載される写真をご覧になるだけでも、それは一目瞭然でしょう。尾山台小学校のキャリア教育の取組においては、「一部の教員が議論し、案をほぼ確定させた上で、職員会議等の機会に周知する」という方策は、ほとんど採用されていません。仮に、このような「上意下達」の方策によった場合、キャリア教育実践は「誰かが決めたことをやらされている」という負担感に満ちたものとなりかねません。

一人一人の教員が「我がこと」としてキャリア教育を捉えるための工夫は、全ての学校において必要ではないでしょうか。尾山台小学校における「標準装備」の考え方（25ページ）は、そのための重要なヒントになりそうです。

■実践を「焦点化」し、「見える化」し、「共有」する■

上述のキャリア教育の目標（＝○○することができる）もそうですが、本書78ページ～91ページに掲げられる年間指導計画からも、「ずいぶんシンプルだなぁ」という第一印象を受けた方は少なくないと思います。バランスを熟慮しつつ言葉の響きにまで気を配った格調高い目標を設定し、水も漏らさぬ緻密な指導計画を立案したとしても、それらが分厚い「指導計画綴り」の中に綴じ込まれ、保護者の皆さんは言うまでもなく、校内の先生方にも認知されない"書類"になってしまっているとしたら、それは文字通り、本末転倒でしょう。

本書の第5章に示される指導案や、第6章に記される「おやまちプロジェクト」が典型となりますが、キャリア教育においては、子どもたちが自らの将来を展望するための契機となる多様な「ロールモデル（＝素敵だなと思える大人）」に出会うことが極めて重要です。学校教育の一環としてのキャリア教育においては、それらのロールモデルは、まず、教師であり、保護者であり、地域の皆さんです。

目の前の子どもたちに必要なキャリア教育の目標や実践を焦点化することの重要性は、本書でも繰り返し指摘されていますが、それらを「見える化」し、保護者や地域の皆さんと「共有」することもまた、キャリア教育にとっての生命線であると言っても過言ではないでしょう。保護者や地域の皆さんの協力を得る取組を行う際、その取組が、どのような目標につながるものなのか、年間の指導計画の中でどう位置付くのかを共有してこそ、その取組の意義やねらいについても深く理解していただけるのです。

新しい学習指導要領の基盤となった中央教育審議会答申（2014 年 12 月）は、「学校教育を通じてどのような資質・能力を育むことを目指すのか、学校で育まれる資質・能力が社会とどのようにつながっているのかについて、地域と学校が認識を共有することが求められる」と指摘していますが、尾山台小学校の校内に年間指導計画が拡大され掲示されていることは、この意味からも大切な工夫であると考えます。

　また、年間指導計画の廊下への掲示は、子どもたちにとっても大きな意味をもっています。上に引用した中央教育審議会答申が、「子どもたちに必要な資質・能力を育んでいくためには、各教科等での学びが、一人一人のキャリア形成やよりよい社会づくりにどのようにつながっているのかを見据えながら、各教科等をなぜ学ぶのか、それを通じてどういった力が身に付くのかという、教科等を学ぶ本質的な意義を明確にすることが必要になる」とも指摘しているように、個々の教科等を越えた視点で教育課程を見渡して自分自身の学びのつながりを展望することは、今日的な教育課題に対応する点からも重要なことです。

■校長がファシリテーターとなる■

　最後に、本書全体を貫く（＝尾山台小学校のキャリア教育実践を底から支える）ヒミツに目を向けましょう。

　それは校長のリーダーシップです。215 ページに記されているとおり、渡部校長は、「キャリア教育指導者養成講座」（主催：独立行政法人教職員支援機構）を受講され、キャリア教育の本質や意義等に関する理解を深められました。

　校長自身が、キャリア教育は若年無業者やフリーターの増加に対応するための一方策であるという 20 年前の理解に留まっていたり、中学校での職場体験活動をキャリア教育の主軸とした 10 年以上前の推進施策にのみ関心を向けたままでいたりする状況では、小学校でのキャリア教育の活性化は困難を極めるでしょう。

　校長が今日のキャリア教育の姿を正しく理解し、その上で、一人一人の教員が「我がこと」としてキャリア教育を捉え、創意あるキャリア教育実践のプランを提案し、風通しのよい意見交換ができる「チーム尾山台」のファシリテーターとしての役割を果たしていることは、尾山台小学校における優れたキャリア教育実践を支える最大のヒミツかもしれません。

■「おわりにかえて」のおわりに■

　私が、尾山台小学校に年に複数回お邪魔するようになって数年が経過しました。最初はいつだったろうとパソコンのハードディスク内を検索したところ、2015 年 7 月に校内研修会でお話しをさせていただいたのが最初であるようです。本書 16 ページに記される 7 月 3 日の「講師の先生の講演」の「講師」は、おそらく私です。

　それから 4 年近く経過した今日、尾山台小学校が取り組んでいることの一つに「目標の見直し」があります。本書 38 ページ〜40 ページ、及び、206 ページなどに示されるとおり、4 年前に見られた尾山台小学校の子どもたちの「弱み」は大きく克服され、顕著な成長が確認されます。これを受け、まさに今、尾山台小学校では「今の目の前の子どもたちの課題とは何か」についての分析が進められているところです。ますます充実する尾山台小学校の取組がこれからどのような展開を見せるのか。それを今から心待ちにしているところです。

小学校だからこそ！　キャリア教育！
世田谷区立尾山台小学校の挑戦

2019年6月15日　初版第1刷発行
2021年10月14日　初版第2刷発行

監修者　　長田　徹
編著者　　世田谷区立尾山台小学校
発行者　　岩野裕一
発行所　　株式会社実業之日本社

〒107-0062
東京都港区南青山5-4-30　CoSTUME NATIONAL
Aoyama Complex 2F
電話　［編集］03-3486-8320　［販売］03-6809-0495
https://www.j-n.co.jp/
「進路指導 net.」　https://www.j-n.co.jp/kyouiku/

印刷・製本　　大日本印刷株式会社

© Oyamadai Elementary School, Toru Osada 2019, Printed in Japan.
ISBN 978-4-408-41676-2　（教育図書）

本書の一部あるいは全部を無断で複写・複製（コピー、スキャン、デジタル化等）・転載
することは、法律で定められた場合を除き、禁じられています。
また、購入者以外の第三者による本書のいかなる電子複製も一切認められておりません。
乱丁・落丁（ページ順序の間違いや抜け落ち）の場合は、ご面倒でも購入された書店名を
明記して、小社販売部あてにお送り下さい。送料小社負担でお取り替えいたします。
ただし、古書店等で購入したものについてはお取り替えできません。
定価はカバーに表示してあります。
小社のプライバシーポリシー（個人情報の取り扱い）は上記ホームページをご覧ください。